EL PODER Y LA CIENCIA DE LA MOTIVACION

Cómo cambiar tu vida y vivir mejor gracias a la ciencia de la motivación

L. Jiménez

Este libro y "La máquina de motivar" (enfocado a la motivación en el trabajo) han sido escritos simultáneamente y comparten algunos de sus contenidos.

© 2017 Luis Jiménez

Primera edición: Noviembre de 2017

ISBN: 9781973365846

Ed. 1.01

ÍNDICE

CAPÍTULO 1
LOS MIMBRES DE LA MOTIVACIÓN

Hasta hace relativamente poco tiempo casi nadie sabía lo que significaba la palabra "procrastinar". En mi caso, cuando la encontré por primera vez en un artículo de gestión empresarial hace ya unos años, pensé que era una de tantas palabras modernas, inventada o adaptada del inglés, que tenía los días contados. Nunca me había topado con ella en ninguna novela ni me la habían mencionado en mi época de estudiante, en el colegio ni en la universidad.

Según pude comprobar, mi ignorancia no era una excepción (1), y ciertamente procrastinar es una palabra con todas las de la ley y un concepto ampliamente estudiado en psicología (2), aunque el corrector de mi versión de Microsoft Word siga insistiendo en subrayarla sin piedad. Según la Real Academia de la Lengua es sinónimo de "diferir" o "aplazar", sin más. Y según la Wikipedia se describe como *"la acción o hábito de retrasar actividades o situaciones que deben atenderse, sustituyéndolas por otras situaciones más irrelevantes o agradables"*. La definición de la RAE me resultó bastante aséptica y aclaradora, pero la de la Wikipedia en español – un recurso que, lamentablemente, no suele destacar por su rigurosidad en el tratamiento de muchos temas – me encajó mejor en el contexto del artículo en el que la había encontrado. Y realmente es el significado con el que suele utilizarse, al referirse a retrasar algo una y otra vez, hasta que se termina haciéndolo en el último momento y frecuentemente de mala manera.

Mi interés por esta palabra surgió mientras investigaba sobre un tema que siempre me ha parecido apasionante, la motivación. De hecho, me topé con ella en una de mis lecturas, mencionándola como antónimo de la motivación, ya que los comportamientos asociados a ambas ideas son bastante antagónicos. Y cuando uno profundiza en términos como la procrastinación o la motivación y tiene la costumbre de preguntarse por el origen de las cosas, finalmente acaba llegando a la pregunta del millón: ¿por qué a veces no hacemos lo que deberíamos hacer? O, desde la perspectiva contraria, ¿Por qué hacemos lo que hacemos?

Desde entonces he leído infinidad de artículos sobre la procrastinación, con todo tipo de interpretaciones, consejos y recomendaciones para combatirla. La mayoría sin demasiada evidencia científica y orientadas a intentar romper esa especie de bloqueo que nos domina cuando procrastinamos. Un bloqueo muy poderoso y que, para colmo, tiene también la capacidad de envolvernos en una dolorosa sensación de culpabilidad y desagradables remordimientos. En algunos de estos artículos se explica este comportamiento haciendo referencia a la falta de fuerza de voluntad o a nuestra naturaleza perezosa. El razonable instinto de, como dice la Wikipedia, dejarse llevar por los placeres y comodidad y alejarse de lo exigente y menos placentero.

La palabra quizás se haya puesto de moda recientemente, pero la idea es muy antigua. Pensar que los seres humanos somos por naturaleza débiles, pecadores, poco honorables. Y que solo mediante el esfuerzo demostramos que, al menos a veces, somos capaces de salir de nuestra mediocridad.

Esta forma de pensar es tan antigua como sesgada. Caemos en ella una y otra vez, sin darnos cuenta de nuestra falta de objetividad al hacerlo Cuando se trata de terceros, la interpretación es rápida y alineada con esos criterios, que solemos resumir con afirmaciones del tipo "*la gente es que es muy cómoda*". Pero cuando se trata de nosotros mismos, la cosa cambia. Buscamos causas externas para los fracasos o incumplimientos pero no dudamos en asignarnos los méritos y logros (3). Quien está delgado y controla su alimentación cree que es porque se esfuerza especialmente para ello. Quien es académicamente brillante suele pensar que su fuerza de voluntad por estudiar es notable, al menos comparada con la de quien no obtiene título alguno. Aquellos que sobresalen en algún deporte piensan que se debe a su capacidad para practicarlo y dedicarle muchas horas. Y

10

muchos empresarios de éxito están convencidos de que una de las claves de su éxito es una dedicación excepcional.

Por el contrario, si alguien tiene sobrepeso pensamos que es porque no puede controlar sus deseos de comer. Si en su currículum no incluye títulos, deducimos que es porque no ha sido capaz de tener la disciplina suficiente para estudiar. Cuando se dice que no hay tiempo para hacer ejercicio, sospechamos que lo que escasea es la capacidad de sobreponerse a la pereza. Y si el desarrollo profesional de alguien se mantiene estancado durante años, lo achacamos a la falta de ambición o dedicación.

Normalmente toda esta argumentación nos lleva a deducir que las personas solemos ponernos objetivos (el peso ideal, un buen salario, un currículo impresionante) pero que es habitual procrastinar. Para alcanzarlos tenemos que hacer algún tipo de sacrificio o esfuerzo y con mucha frecuencia no somos capaces de sobreponernos a la pereza. Esta forma de pensar puede influir significativamente en cómo evaluamos a las personas que nos rodean y posiblemente tendemos a clasificarlas en dos grupos en relación a este tema: las que son capaces de hacer dichos sacrificios y las que no lo son. Las que se esfuerzan en el presente para beneficiarse en el futuro y las que solo piensan en el hoy. Y para que todo esto tenga sentido y suene lógico y justificado nos hemos tenido que inventar un concepto, en cuya existencia residiría la clave para procrastinar o no procrastinar: la fuerza de voluntad. Unos dispondrían de ella en cantidades suficientes para superar sus tentaciones cortoplacistas, pero otros no habrían sido dotados de dicha cualidad.

En resumen, las personas no siempre hacemos lo que deberíamos hacer – es decir, procrastinamos – porque a veces no tenemos la suficiente fuerza de voluntad y tendemos a dejarnos llevar por las promesas de placer inminentes, sin sentir ninguna atracción por orientarnos a logros que todavía se ven muy lejanos. Por el contrario, cuando disponemos de ella somos capaces de dejar a un lado las actividades que nos aportan placeres inmediatos y podemos centrarnos en realizar aquellas que nos ayudan a conseguir los objetivos y satisfacciones a más a largo plazo.

Y con estas conclusiones ya tendríamos el círculo cerrado y habríamos dado respuesta a todas las preguntas sobre por qué no hacemos lo que deberíamos hacer.

No le estoy contando nada nuevo, ¿verdad? Seguro que usted es capaz de identificar decenas de casos, testimonios y circunstancias en las que ha podido confirmar todo esto. Incluso en primera persona. Sin embargo, le adelanto que este libro le va a mostrar que toda esa argumentación está llena de agujeros.

Para empezar, es relativamente sencillo encontrar contradicciones evidentes. Basta mirar a nuestro alrededor para comprobar que muchas de las personas que parecen tener una especial fuerza de voluntad para algunas cosas, que requieren de mucho esfuerzo y dedicación, con frecuencia no la tienen para otras. Hay una buena cantidad de deportistas sin estudios, de académicos en bajo estado de forma y de empresarios de éxito con pocos títulos formales. De hecho, nos pasa a todos; procrastinamos respecto a ciertas actividades, pero no tenemos problemas con otras, para las que parece que la fuerza de voluntad nos sobra.

Entonces, ¿qué es exactamente la fuerza de voluntad? ¿Acaso hay diferentes tipos? ¿Realmente hay personas que la tienen y otras que no?

Lo cierto es que cada día parece más claro que, a la luz de la ciencia, el concepto de la fuerza de voluntad es poco más que una entelequia. Todas las aproximaciones que se han hecho desde un punto de vista objetivo y riguroso han resultado muy poco o nada productivas.

El investigador y profesor de psiquiatría clínica de la Universidad de Columbia, Carl Erik Fisher, resumió su origen y utilidad de la siguiente forma (4):

"Hacer caso omiso a la idea de la fuerza de voluntad sonará absurdo para la mayoría de los pacientes y terapeutas, pero, como psiquiatra de adicciones y profesor de psiquiatría clínica, me he vuelto cada vez más escéptico sobre este concepto y me preocupan las ideas de autoayuda que le rodean. Numerosos libros y blogs ofrecen formas de "aumentar el autocontrol", o incluso "meditar para obtener más fuerza de voluntad", pero lo que no que no se reconoce es que las últimas investigaciones han mostrado que algunas de las ideas subyacentes a estos mensajes son inexactas.

(...) la fuerza de voluntad es un concepto mestizo, que connota una amplia y frecuentemente inconsistente gama de funciones cognitivas. Cuanto más de cerca lo miramos, más cosas encontramos enmarañadas. Es hora de deshacerse de él definitivamente.

Las ideas sobre la fuerza de voluntad y el autocontrol tienen profundas raíces en la cultura occidental, (...) sin embargo, su concepción específica no surgió hasta la era victoriana, (...). Durante el siglo XIX, el continuo declinar de la religión, el aumento de la población y la pobreza generalizada dieron lugar a ansiedades sociales sobre si la subclase creciente mantendría las normas morales apropiadas. El autocontrol se convirtió en una obsesión victoriana, (...), que predicaba los valores de la abnegación y la perseverancia incansable. Los victorianos tomaron la idea directamente de la Revolución Industrial y describieron la fuerza de voluntad como una fuerza tangible que impulsa el motor de nuestro autocontrol. (...)

A comienzos del siglo XX, cuando la psiquiatría estaba tratando de establecerse como un campo legítimo y científicamente fundado, Freud desarrolló la idea de un "superyo". El superyó es el primo psicoanalítico más cercano a la fuerza de voluntad, representando la parte de la mente crítica y moralizante, interiorizada de los padres y la sociedad.(...)A pesar de que a Freud se le atribuye comúnmente el rechazo de las costumbres victorianas, el superyó representaba una continuación casi científica del ideal victoriano. A mediados de siglo, B.F. Skinner propuso que no existe una libertad interna para controlar el comportamiento. La psicología académica se volvió más hacia el conductismo y la fuerza de voluntad fue ampliamente olvidada por la profesión.

Eso podría haber sido el fin de la fuerza de voluntad, si no fuera por un conjunto inesperado de hallazgos en las últimas décadas que condujeron a un resurgimiento del interés por el estudio del autocontrol. En la década de 1960, el psicólogo estadounidense Walter Mischel decidió estudiar las diversas formas en que los niños retrasan la gratificación ante un dulce tentador con su ya famoso "experimento de los malvaviscos". A sus jóvenes sujetos se les pidió que escogieran entre un malvavisco ahora o dos más tarde. Muchos años después, tras enterarse de cómo les iba a algunos de aquellos sujetos en la escuela y en el trabajo, decidió rastrear y recoger medidas más rigurosas sobre sus logros. Encontró que los niños que habían sido más capaces de resistir la tentación lograban mejores calificaciones y resultados en pruebas. Este hallazgo desencadenó un resurgimiento del interés académico por la idea de autocontrol, el término usual para la fuerza de voluntad en la investigación psicológica.

Estos estudios también sentaron las bases para la definición moderna de la fuerza de voluntad, que se describe tanto en la prensa académica como en la popular como la capacidad de autocontrol inmediato: la supresión de impulsos e instintos. O, como la Asociación Americana de Psicología lo definió en un informe reciente, "la capacidad de resistir las tentaciones a corto plazo con el fin de cumplir con los objetivos a largo plazo". Esta capacidad suele ser descrita como un recurso discreto y limitado, que se puede utilizar como una reserva de energía.

El concepto de recurso limitado probablemente tiene sus raíces en las ideas judeo-cristianas sobre la resistencia a los impulsos pecaminosos, y parece una analogía natural con otras funciones físicas como la fuerza, la resistencia o el aliento. En los años noventa, el psicólogo Roy Baumeister llevó a cabo un experimento clave para describir esta capacidad, que calificó de "agotamiento del ego": A algunos estudiantes de pregrado se les dijo que resistieran el deseo de comer algunas galletas de chocolate recién horneadas y en su lugar se les animaba a inclinarse por el contenido de un tazón con rábanos, mientras que a otros se les permitió comer libremente en las galletas. Los estudiantes que tuvieron que ejercer autocontrol con las galletas se desempeñaron peor en las pruebas psicológicas posteriores, lo que sugería que habían agotado algunos recursos cognitivos finitos.

Los estudios sobre el efecto del agotamiento del ego supuestamente se replicaron docenas de veces, dando lugar a bestsellers e innumerables programas de investigación. Pero un metaanálisis de 2015 que examinó más de cerca esos hallazgos, junto con otras investigaciones inéditas, encontró sesgo de publicación y muy poca evidencia de que el agotamiento del ego fuese un fenómeno real. Los psicólogos diseñaron entonces un experimento internacional de agotamiento del ego compuesto por más de 2.100 sujetos. Los resultados recientemente publicados no han mostrado ninguna evidencia de que el agotamiento del ego sea real. (...).

Si el agotamiento del ego es erróneo, es sorprendente lo sólidamente que se encumbró antes de que investigaciones más rigurosas disiparan las hipótesis sobre las que se basa. La historia de su ascenso y caída también muestra cómo las suposiciones erróneas acerca de la fuerza de voluntad no son sólo engañosas, también pueden ser perjudiciales. Estudios relacionados han demostrado que las creencias sobre la fuerza de voluntad influyen fuertemente en el autocontrol: Los sujetos que creen en el agotamiento del ego (que la fuerza de voluntad es un recurso limitado) muestran un autocontrol decreciente durante el curso de un experimento, mientras que las personas que no creen en ello, su autocontrol es constante. Es más, cuando los sujetos son manipulados para creer en el agotamiento del ego a través de cuestionarios sutilmente sesgados al inicio de un estudio, su desempeño también se reduce.(...)

Estas dimensiones ocultas de la fuerza de voluntad ponen en tela de juicio toda la concepción académica del término y nos colocan en una situación de perder-perder. O bien nuestra definición de fuerza de voluntad se reduce y se simplifica hasta el punto de la inutilidad , o se permite que continúe como un término impreciso, manteniendo una mezcolanza inconsistente de diversas funciones mentales. La fuerza de voluntad puede simplemente ser una idea pre-científica, que nació de las actitudes sociales y la especulación filosófica en lugar de la investigación, y consagrada antes de que la evaluación experimental rigurosa de la misma fuera posible. El término ha persistido en la psicología moderna porque tiene un sólido soporte intuitivo en nuestra imaginación: Ver la fuerza de voluntad como una fuerza muscular parece coincidir con algunos ejemplos, como resistir los antojos, y la analogía se ve reforzada por las expectativas sociales que se remontan a la moral victoriana. Pero estas ideas también tienen un efecto pernicioso, nos distraen de formas más precisas de entender la psicología humana e incluso desvirtúan nuestros esfuerzos por lograr mejorar el autocontrol. La mejor manera de avanzar podría ser abandonar la "fuerza de voluntad" por completo.

Hacerlo nos libraría de un considerable bagaje moral. Las nociones de fuerza de voluntad son fácilmente estigmatizadoras: se convierte en un buen argumento para el desmantelamiento de los servicios sociales si la pobreza es un problema de disciplina financiera o si la salud es una cuestión de disciplina personal. Un ejemplo extremo es el enfoque punitivo de nuestra interminable guerra contra las drogas, que rechaza los problemas del uso de sustancias por considerarlo el resultado de las decisiones individuales. La malsana moralización se arrastra hasta los rincones más cotidianos de la sociedad. Cuando Estados Unidos comenzó a preocuparse por la basura en los años cincuenta, American Can Company y otras corporaciones financiaron una campaña de "Keep America Beautiful" para desviar la atención del hecho de que estaban fabricando enormes cantidades de envases baratos, desechables y rentables, echando la culpa a las personas por ser sucios. Las acusaciones morales basadas en la fuerza de voluntad están entre las más fáciles de lanzar.

En definitiva, a menudo simplemente no es necesario creer en la fuerza de voluntad. Ahora, cuando escucho la palabra "fuerza de voluntad", veo una bandera roja que me impulsa a querer aclarar las cosas.(...)"

Para completar este interesante texto, cabe decir que no existe ningún método riguroso y extendido para evaluar la fuerza de voluntad de las personas, más allá de algún sencillo cuestionario de autoevaluación (5). Y que desde la perspectiva histórica tampoco hay antecedentes exitosos a favor de apelar a la fuerza de voluntad y a la capacidad de esforzarse. No existe una situación en la que se haya resuelto definitivamente ningún problema sanitario o social con esta estrategia. Por ejemplo, todas las iniciativas y campañas que han pretendido reducir y retrasar la edad de la actividad sexual en base a promover la fuerza de voluntad en este sentido, con el supuesto objetivo final de reducir las enfermedades de transmisión sexual y embarazos no deseados, han sido un verdadero fracaso (6).

Tampoco otros términos y conceptos muy similares o relacionados con la fuerza de voluntad han mostrado que sirvan para mucho. Por ejemplo, revisiones científicas en las que se ha analizado la capacidad de las intervenciones dirigidas a reforzar la perseverancia o la constancia, han mostrado que tienen pocas probabilidades de mejorar el rendimiento o el éxito (7).

Por lo tanto, la historia y la evidencia científica aportan datos para pensar que, a la hora de evaluar el comportamiento humano, una perspectiva prejuiciosa y sobrecargada de moral ayuda más bien poco a encontrar soluciones. El pensar que no hacemos ciertas cosas, es decir, procrastinamos, debido a la falta de fuerza de voluntad, sobre todo sirve para juzgar a las personas, pero poco más. Además puede resultar hasta contraproducente, porque suele dar lugar a sentimiento de culpabilidad.

Sorprendentemente, sigue siendo una forma de pensar universalmente extendida, especialmente en algunos temas, incluso entre aquellas personas que deben tomar decisiones muy importantes y colectivas. Como algunos políticos que han pretendido reducir el gasto sanitario castigando sin servicios ni atención médica a cierto tipo de enfermos por considerarlos faltos de este tipo de virtudes (8).

Uno de los objetivos de este libro es modificar radicalmente esta visión. Me refiero a la necesidad de dejar de pensar en términos de esfuerzo y de fuerza de voluntad, abandonar la perspectiva de destacar lo más negativo, lo que no se hace, los incumplimientos. Es hora de intentar olvidarnos de "enderezar" a quien no hace lo que se supone que debería hacer, a quien toma decisiones supuestamente irresponsables, cómodas o cortoplacistas. La idea es posicionarnos justo en el otro extremo, en el más positivo y constructivo, para entender las razones por las que alguien hace algo.

Dejando de analizar por qué no hacemos lo que no hacemos y buscando entender por qué las personas nos movilizamos, decidimos y hacemos ciertas cosas.

Y quien nos va a llevar a este lugar es la motivación.

Definiendo la motivación

La palabra "motivación" es muy habitual en nuestro lenguaje y suele aparecer en nuestras conversaciones con bastante naturalidad y frecuencia. *"Hoy no estoy muy motivado"; "ese tema no me motiva demasiado"; "estoy desmotivado en el trabajo"; "últimamente veo a Juan algo desmotivado".*

Pero ¿a qué nos referimos exactamente cuando hablamos de la motivación y de estar motivado?

Como a veces la mejor forma de explicar una idea es mediante ejemplos, vamos a conocer un caso concreto, el de una persona que cualquiera describiría como alguien muy motivado. Se trata de José Manuel Hermo Barreiro, más conocido en su entorno con el apodo de *Patelo*, un jubilado que vive en un pequeño pueblo de Galicia. No parece ser diferente a otros cientos de miles de personas retiradas, pero detrás de esa imagen de normalidad se esconde un caso bastante especial. Tras dedicar toda su vida profesional a ser mecánico naval, Patelo decidió no desconectarse del todo de la que había sido su profesión durante muchos años. Desde entonces, destina la mayor parte de sus horas a fabricar motores de aire comprimido en miniatura.

Esta circunstancia no tendría mayor relevancia si no fuera por dos peculiaridades. La primera, que nadie en el mundo hace lo que hace Patelo y cómo él lo hace. Cada motor es una creación única, que podría ser considerada una pieza de relojería, dados sus minuciosos acabados, la exactitud de cada uno de sus componentes y el impecable funcionamiento del conjunto. Y la segunda es que, gracias a internet y a las redes sociales y sobre todo a los vídeos que su hijo periódicamente sube a Youtube, cualquiera puede conocer sus obras. Verdaderas maravillas que sorprenden a ingenieros, mecánicos y *manitas* de todo el mundo. Estos vídeos acumulan millones de visitas y sus seguidores ya son legión. Los motores son totalmente operativos y funcionan como si fueran relojes de precisión.

Teniendo en cuenta que ha fabricado unos cuantos motores, podemos deducir que su dedicación a esta afición es más que considerable. Como le contó al periodista científico Antonio Martínez Ron en un reportaje que tuvo gran difusión, Patelo fabrica cada una de las piezas artesanalmente y su equipo se compone de un viejo torno, unas cuantas limas y unas pocas herramientas básicas, por lo que necesita trabajar muchísimas horas en cada proyecto (9). Por ejemplo, uno de los motores, un W–32, está formado por 850 piezas y 632 tornillos y necesitó dedicarle más de 2500 horas. Considerando los convenios laborales actuales, esta cantidad de horas es aproximadamente el equivalente a más de año y medio de trabajo, siguiendo un calendario típico y una jornada laboral de ocho horas. Si sumamos el tiempo de todos los motores fabricados, es probable que la dedicación se acerque a las 20.000 horas, una cifra simplemente impresionante. Y que sin duda seguirá creciendo, porque aunque en varias ocasiones ha estado a punto de abandonar esta afición que tanto tiempo le exige, en el año 2016 anunció que se lanzaba a abordar el gran proyecto con el que siempre había soñado: fabricar la sala de máquinas completa de un trasatlántico. Aunque no sabía si su edad le permitiría conservar la salud suficiente para terminarlo exitosamente.

Tanto esfuerzo, tanta dedicación y tanta belleza creativa son excepcionales, así que su popularidad es fácilmente explicable. En uno de sus vídeos, hablando de su forma de enfocar cada proyecto, describe así sus sentimientos: *"no es paciencia, es pasión por la mecánica.* Pero, volviendo al tema del libro, ¿qué es lo que impulsa a este jubilado gallego a dedicar gran parte de su vida a construir preciosos motores, uno tras otro? ¿Qué es lo que le motiva a sentarse en su taller durante largas jornadas, a seguir haciendo actividades muy parecidas a las que estaba obligado a ejecutar cuando trabajaba, pero en este caso sin ningún tipo de compensación económica? ¿Por qué no se inclina por descansar, dedicarse a la vida contemplativa y disfrutar de su retiro que, sin duda, tendrá bien merecido?

Patelo es único haciendo lo que hace, pero su caso es bastante habitual. Seguramente, al leer su historia, usted habrá recordado a personas que también dedican gran parte de su vida a otras pasiones, sin tener ninguna obligación ni necesidad de hacerlo. Coleccionar minerales, aprender a tocar un instrumento, cultivar un huerto, escribir un blog, entrenar en el gimnasio, pintar cuadros, ayudar en una ONG, ir al monte, estar con los amigos, cuidar a los nietos… No hablo de dedicar algo de tiempo esporádicamente a estas actividades, sino a pasar muchísimas horas, por gusto, por placer, porque se desea. El mundo está lleno de personas que están especialmente motivadas, aunque no se realicen cosas tan exclusivas ni se hagan de forma tan excepcional como lo hace Patelo.

De hecho, excepto en casos en los que se sufren patologías como la depresión, realmente todos estamos motivados para hacer ciertas cosas, consigamos o no resultados especialmente extraordinarios. Y con todos podríamos hacernos las mismas preguntas: ¿Qué nos motiva a hacer lo que hacemos? ¿Por qué en algunas ocasiones estamos motivados, pero en otras no?

La motivación es un tema sobre el que se ha reflexionado e investigado durante siglos, primero desde de la filosofía y posteriormente desde la psicología (10). Este libro no pretende hacer un compendio de las teorías y aproximaciones realizadas, que son muchas y con enfoques más y menos interesantes (hoy en día fácilmente localizables gracias a internet y a la bibliografía citada en las referencias). Así que nos centraremos de forma especial y prioritaria en algunas de las propuestas más actuales que aúnen sencillez y rigor.

Para empezar, conviene dejar claro el marco y las reglas de juego principales: queremos profundizar sobre la motivación porque queremos saber por qué las personas hacemos lo que hacemos. Y, evidentemente, también por qué con frecuencia no hacemos algunas cosas que pensamos que deberíamos hacer. Partimos entonces de una premisa importante: la motivación sería un "constructo" (es como los psicólogos suelen llamara a las ideas o modelos que desarrollan para explicar el comportamiento humano) que está detrás de todo ello. La "gasolina" que alimenta el motor de nuestras acciones.

Subjetivamente todos tenemos bastante facilidad para identificar a personas (colegas, familiares o amigos) que consideramos motivadas, como ocurre con Patelo y de apreciar las ventajas y beneficios que tiene ese estado. Si intentamos enumerar las características mediante las que se les reconoce y caracteriza, probablemente hablemos de un estado emocional relacionado con una movilización (hacer cosas) y con cualidades como el entusiasmo, la iniciativa, el compromiso, la constancia, la proactividad y el optimismo. Un estado por lo tanto muy deseable y con potencial para poder conseguir muchas cosas. No hace falta recurrir a estudios para deducir que la motivación hacia actividades recomendables y constructivas (como las que nos permiten alcanzar una vida mejor) es positiva, ya que nos moviliza en ese sentido y nos ayuda a conseguir objetivos. Y además nos aporta bienestar y satisfacción, como podemos confirmar todos y cada uno de nosotros, simplemente recordando momentos en los que nos hayamos sentido especialmente motivados.

Pero todo eso es demasiado genérico, así que nuestra primera aproximación a la motivación será respecto a su definición. Es imprescindible plantear un marco común y un lenguaje consensuado que nos sea útil, por ejemplo, para distinguir entre términos como motivación, satisfacción, compromiso, optimismo o implicación, que con frecuencia se suelen utilizar indistintamente.

Entre todos los expertos que han profundizado en el tema a lo largo de la historia, podemos encontrar muchas definiciones (11). Las tendencias y escuelas son diversas, en función de las teorías sobre las que se han ido sustentando, pero haciendo una síntesis e integración de todo este trabajo, podríamos resumir la motivación con la siguiente frase:

> *"La motivación se refiere a los mecanismos de activación con acceso relativamente directo a las vías motoras, que tienen el potencial de facilitar y dirigir ciertos circuitos motores mientras inhiben otros".*

Lo reconozco, esta definición no es nada sencilla y está redactada en términos demasiado fisiológicos, algo que probablemente sea muy útil para los investigadores, pero que complica su utilización en un contexto divulgativo. Así que vamos a hacer una especie de traducción a un lenguaje más llano.

> *"La motivación se refiere a los mecanismos que nos hacen desear y decidir hacer ciertas cosas".*

Mucho mejor, ¿verdad? Ahora creo que se entiende perfectamente y no deja de ser suficientemente concreta.

Como puede observar, esta definición se centra en el deseo de hacer cosas y en lo que nos impulsa a llevarlas a cabo. Le recomiendo que la lea varias veces, ya que la utilizaremos en repetidas ocasiones para poder enfocar los planteamientos teóricos y prácticos posteriores que iremos desarrollando según avance el libro. Aunque le adelanto que también la iremos enriqueciendo y completando con bastantes matices y definiciones complementarias.

Ya que tenemos una definición para la motivación, creo que también puede ser una buena idea el intentar concretar más otros términos con los que suele confundirse o relacionarse. Así podremos llamar a cada cosa por su nombre y minimizaremos la posibilidad de que ocurran equívocos debidos a la falta de un lenguaje común.

En la siguiente lista he recopilado una propuesta – basada de nuevo en diversas publicaciones realizadas por expertos con amplia experiencia en cada uno de los temas – con los términos, definiciones y palabras clave que nos pueden ayudar a su caracterización y diferenciación:

Término	Definición	Palabras clave
Motivación	*Desear y decidir hacer ciertas cosas (10)*	*Deseo Decisión*
Compromiso	*Unión entre un individuo y ciertos objetivos y fuerza para actuar en su consecución (12,13)*	*Objetivo Lealtad*
Implicación	*Entusiasmo e involucración personal en tareas u objetivos (13)*	*Entusiasmo Esfuerzo*
Rendimiento	*Valor añadido de las actividades realizadas durante un intervalo de tiempo estándar (14)*	*Eficacia Eficiencia*
Satisfacción	*Estado emocional resultante de la evaluación de las experiencias (15)*	*Emociones Felicidad*
Bienestar	*Sentimiento de emociones positivas sobre las negativas (16)*	*Emociones Sentimiento*
Optimismo	*Sesgo en favor de los eventos positivos y en contra de los negativos (17)*	*Positividad Sesgo*

Tabla-glosario de términos y definiciones relacionados con la motivación

De nuevo le animo a leerla detenidamente y en varias ocasiones. Las investigaciones realizadas muestran que todas son importantes a la hora de describir el comportamiento humano (18). También todas están estrechamente relacionadas, los conceptos contenidos en cada una se solapan con frecuencia y se producen evidentes influencias e interacciones entre ellas.

24

Puede reflexionar sobre sus desigualdades a la hora de aplicar cada uno de los términos. Por ejemplo, puede pensar en diversos ejemplos de personas conocidas y analizar hasta qué punto usted observa comportamientos asociados a las definiciones propuestas. Seguramente comprobará que hay diferencias significativas, sobre todo si se encuentra con casos extremos.

Por ejemplo, puede haber personas muy *comprometidas* (muy esforzadas en conseguir ciertos objetivos) pero no demasiado *satisfechas*. O personas con un elevado grado de *bienestar* o *satisfacción* pero con *rendimiento* poco destacable. O gente muy *optimista* pero poco *implicada* y alineada con ciertos objetivos. ¡Menudo trabalenguas!

El cerebro decide

Pero ¿por qué existe la motivación? ¿Por qué deseamos y hacemos ciertas cosas pero no deseamos y no hacemos otras?

La clave está en una de las palabras que encontramos en su definición, "*decidir*". Después de todo, cuando hacemos algo (a costa de retrasar o descartar otra cosa) es porque hemos *decidido* que así sea. Así que nos será muy útil el entender lo que hay realmente detrás de este concepto, respondiendo a otra pregunta que parece realmente difícil: ¿Cómo tomamos decisiones?

Tomar decisiones es un proceso neuronal que sucede continuamente, casi a cada instante. Piense en situaciones normales que usted puede vivir un día normal. Salir de casa para ir trabajar, ir al garaje a tomar el automóvil, recorrer el camino hasta la oficina, tomar un café antes de empezar, organizar y priorizar sus tareas diarias, hacer una pausa para ir comer, preparar cuestiones para el día siguiente y finalmente volver a su casa. Durante esta secuencia, que quizás repite a diario, ha tenido que tomar multitud de decisiones: Ponerse el traje azul o el negro, ir al trabajo en automóvil o en autobús, elegir el menú de la comida, dirigirse directamente a casa o pasar a hacer unos recados. Abordar en primer lugar algunas tareas y posponer otras. Todo lo que ha hecho o ha dejado de hacer ha sido consecuencia de tomar decisiones, una detrás de otra, algunas más automáticas, otras más reflexionadas. Lo hacemos todos, a diario, a cada instante, continuamente, porque cada uno de nuestros actos es consecuencia de las mismas.

Solemos pensar que todas estas decisiones son reflexionadas, razonadas. Después de todo, somos seres vivos muy inteligentes y pensamos sobre lo que hacemos. Pero la ciencia ha comprobado que esta percepción respecto a nuestra capacidad de evaluación puede que esté muy sobredimensionada. Y que gran parte de este tipo de decisiones se toman de forma prácticamente automática, intuitiva, podría decirse que casi inconsciente.

Algunas interesantes investigaciones empujan a pensar que muchas de nuestras decisiones las resolvemos casi al instante y con poca o ninguna meditación consciente. Posteriormente nuestro cerebro crea una especie de autoengaño justificativo, una construcción argumental, para explicarse a sí mismo las razones de dicho comportamiento [19]. Sobre todo en situaciones en las que se produce cierto grado de contradicción con lo que nuestra capacidad de prever el futuro nos puede estar adelantando (como cuando comemos algo que sabemos que no es bueno para nuestra salud) [20]. Esto significa que en más ocasiones de las que pensamos las razones para hacer lo que hacemos las identificamos después, no antes.

Ésta es una realidad que algunos expertos conocen perfectamente. Por ejemplo, en el marketing se trabaja con este tipo de principios desde hace mucho tiempo. Cuando compramos con frecuencia decidimos con las emociones y después justificamos la compra que hayamos podido hacer con razonamientos. Por eso muchas campañas muy eficaces casi siempre apelan a las emociones.

26

Probablemente la justificación "a posteriori" de nuestras decisiones es consecuencia de nuestra necesidad de reducir la disonancia cognitiva, que es como se llama a la sensación de incoherencia que nos produce el choque entre nuestro razonamiento lógico y un comportamiento contrario a dicho razonamiento. Éste es un mecanismo de defensa para evitar estar inmersos en una situación de esquizofrenia continua, con continuos remordimientos de conciencia por todas las cosas que hacemos y que sabemos que no deberíamos hacer. O por las que no hacemos y sabemos que deberíamos hacer (21).

Desde el punto de vista neurológico, la cuestión no es sencilla, como ocurre con cualquier aspecto relacionado con el cerebro. Una forma didáctica de entenderlo es mediante los modelos que pretenden explicar las situaciones de toma de decisiones más básicas y ancestrales en las que nos solemos desenvolver, como por ejemplo aquellas que nos impulsan a buscar e ingerir comida o a tener relaciones sexuales. Instintos que son consecuencia de millones de años de evolución, en los que nuestro cerebro se ha ido programando para promover comportamientos absolutamente necesarios para la supervivencia. De estos modelos podremos deducir principios e ideas que pueden ser bastante válidos y generalizables.

Por ejemplo, justo antes de que decidamos buscar algo para comer, es decir, antes de sentirnos motivados por ir a comer, en ese momento se dan ciertos cambios metabólicos y fisiológicos, relacionados con la presencia o ausencia de determinados compuestos en nuestro organismo (normalmente hormonas). También justo en ese instante podemos encontrarnos ante ciertas señales externas relacionadas con la comida, que captamos mediante nuestros sentidos (imágenes, olores, etc). Cuando se unen estas dos situaciones, se dispara la actividad de ciertas áreas cerebrales, dando lugar a un importante flujo de neurotransmisores (especialmente dopamina) y una intensa circulación de energía entre las neuronas. Toda esta actividad cerebral es interpretada y percibida por nosotros con una sensación muy familiar; el deseo de hacer algo.

En efecto, nuestro deseo no es más que el resultado de la segregación de neurotransmisores, entre los que la dopamina tiene un protagonismo especial, como consecuencia de cierta predisposición metabólica y ciertas señales externas. Y si tiene la suficiente intensidad, nos impulsará a tomar una decisión y llevar a cabo acciones concretas para conseguirlo (22).

Para programar este comportamiento la biología utiliza mecanismos muy intrincados todavía no conocidos en su totalidad. Pero considerando que estamos intentando simplificar todas estas ideas, podríamos decir que todos ellos podrían explicarse con un modelo relativamente sencillo; un proceso cerrado que se autoalimenta a lo largo del tiempo y que consta de tres pasos: deseo (*wanting*), decisión-ejecución y recompensa (*liking*).

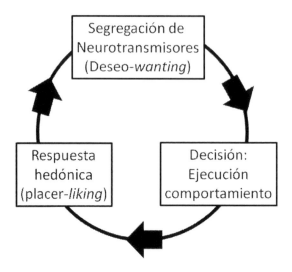

Como se puede apreciar en la figura – que a partir de ahora llamaremos *"ciclo de motivación"* – en el primer paso se produce la mencionada segregación de neurotransmisores (a causa de cambios bioquímicos y señales externas) que provocan la sensación de deseo (*"wanting"*).

Para resolver el segundo paso, la decisión, el proceso se asimilaría a una especie de lucha entre dos perspectivas, la instintiva y la racional. Algunos expertos lo visualizan como dos planos de toma de decisiones diferentes, por un lado el *rápido y automático* y por otro un segundo *lento y razonado* (23). Pero realmente toda esta actividad de diversas áreas cerebrales está interconectada, así que más que en una lucha entre dos bandos o dos velocidades, podríamos utilizar una analogía musical e imaginar grupos de neuronas *vibrando* simultáneamente, mezclando sus respectivas *funciones de onda*, creando diferentes solapamientos y *armonías*, hasta llegar a un *sonido final*. Esta forma agrupada de *vibrar* se habría ido forjando en base a muchas variables, tales como la predisposición biológica, la consolidación de hábitos anteriores, el aprendizaje previo, el entorno o las expectativas de recompensa. Y dará lugar al *sonido final, un tono* y *un timbre* concretos, que realmente se materializa en la segregación de cierta cantidad y tipo de neurotransmisores y de posteriores señales que se reparten a través nuestro sistema nervioso. Las cuales, mediante nuestra capacidad de percepción y de entender el mundo, interpretamos como la decisión definitiva y su materialización. Actuamos, hacemos algo, nos movilizamos.

Y tras este segundo paso pasaríamos al tercero, en el que la naturaleza nos regala con una respuesta hedónica o placentera (*"liking"*). Que, además de para premiarnos, sirve para reforzar todas las interconexiones neuronales que forman parte de todo el ciclo, facilitando su repetición futura. Por razones obvias, el conjunto de neuronas implicadas se suele denominar *"circuito de recompensa"* y es una especie de premio final, en forma de sensación agradable, que puede tener una intensidad bastante variable.

Pues bien, si representamos estos tres pasos en forma de ciclo, como lo hemos hecho en la figura anterior, puede imaginarlo girando, con los pasos ejecutándose en orden secuencial en el proceso de toma de decisiones. Con una característica especialmente importante: Cuantas más veces se ejecute exitosamente y gire este ciclo, más se consolidarán las interconexiones neuronales que lo provocan y más facilidad tendrán para volver a interconectarse en el futuro.

En la práctica, como veremos en próximos capítulos, todo esto significa que estaremos construyendo las condiciones neurológicas para llegar a sentirnos motivados por hacer algo. La consolidación del ciclo de motivación, que podríamos visualizar como su facilidad de giro, es lo que nos predispone a sentirnos atraídos y movilizados. Aunque permítame que insista: este modelo es una gran simplificación del complejísimo funcionamiento de nuestro cerebro, realmente en cada uno de los pasos del ciclo ocurren muchas cosas, muchos procesos que los neurocientíficos intentan desgajar meticulosamente y estudiar en profundidad.

Pues bien, este modelo circular no solo sirve para explicar de forma sencilla comportamientos relacionados con necesidades fisiológicas básicas, como el sexo y la alimentación. También nos puede ayudar a entender la adicción a sustancias como el tabaco, el alcohol o la heroína, o incluso al juego (24). En este caso, en cada uno de los pasos (deseo, ejecución, placer) lo que ocurre se desarrolla de forma exagerada, dando lugar a situaciones muy complicadas y conocidas: sensación de deseo muy poderosa y con efectos fisiológicos extremos (abstinencia), comportamientos compulsivos y descontrolados que son capaces de sobreponerse a cualquier otro proceso mental y recompensas agudas y muy intensas. El consumo de estas sustancias tiene la capacidad de reforzar de forma especialmente sólida las interconexiones neuronales del ciclo de motivación, haciéndonos muy susceptibles a señales y repeticiones futuras. En este caso la intensidad de cada una de las fases y de los fenómenos que ocurren se disparan y como consecuencia la capacidad de autoalimentación del ciclo es también brutal, llegando a convertirse en una espiral destructiva muy peligrosa y de la que es realmente difícil salir.

También la comprensión de algunas patologías puede apoyarse en este modelo. Por ejemplo, las personas que sufren trastorno obsesivo-compulsivo necesitan repetir una y otra vez diversos comportamientos (limpiar, comprobar, ordenar, acumular...) para poder mitigar la angustia o ansiedad que les producen cierto tipo de pensamientos incontrolados e intrusivos. Sienten que deben hacerlo, que si no lo hacen puede ocurrir algo grave o muy negativo, aunque su razonamiento lógico, que normalmente rige perfectamente, les indique que esa forma de pensar no tiene ningún sentido. Es como una pesadilla que viven mientras están despiertos. Algunos de los casos más habituales son la necesidad de lavarse continuamente las manos (porque no pueden evitar el pensar que su entorno está lleno de tóxicos) o la comprobación sistemática y reiterada de posibles fuentes de riesgo (grifos cerrados, puerta cerrada, cocina desconectada, etc.). El resultado es que les resulta imposible dejar de hacer lo que hacen, atrapados en la tiranía de un ciclo de de motivación que parece diabólicamente programado. Pues bien, según algunos estudios es posible que en algunas de estas personas el equilibrio bioquímico asociado al ciclo de motivación esté alterado, lo cual podría estar generando sensaciones de deseo incontroladas e irracionales y un funcionamiento anormal del circuito de recompensa (25).

Volviendo al tema del libro y a situaciones que podríamos considerar más normales, también podemos aplicar este modelo en el ámbito de la motivación para actividades y hábitos de todo tipo, como los relacionados con la salud, la educación o el trabajo. En este caso, el deseo de hacer algo sería algo menos intenso, más automático, quizás incluso prácticamente inconsciente. Y la respuesta hedónica o placentera se sustituiría por algo más sutil, una sensación de seguridad, de familiaridad, incluso de pequeña satisfacción por cumplir los objetivos o por seguir las rutinas. Como es lógico, esta falta de intensidad reduciría también la capacidad de autoalimentarse del ciclo, dando lugar a interconexiones neuronales menos arraigadas, más susceptibles de cambio, lo cual nos permitiría estar más abiertos a la posibilidad de saltarnos alguno de estos comportamientos o de modificarlo en un momento dado.

Para finalizar, para condensar todas estas ideas y como complemento al ciclo de motivación, podríamos intentar proponer una definición breve y concreta, en este caso desde la perspectiva de la neurobiología y basándonos en dicho modelo. Esta sería una propuesta que podríamos extraer del trabajo que han hecho los investigadores en este sentido (26):

> *"Proceso circular y autoalimentado en el que nuestras neuronas, debido a ciertas señales o circunstancias, segregan ciertos neurotransmisores que nos hacen sentir deseo, que a su vez nos impulsa a tomar decisiones y a ejecutar acciones que nos aportan cierto bienestar, que a su vez refuerza la sensibilidad hacia el deseo inicial"*

En resumen, retornando a los argumentos que se suelen utilizar para justificar por qué las personas hacemos cosas o dejamos de hacerlas, de acuerdo a todas estas ideas y a la perspectiva que vamos a mantener durante todo el libro, entenderemos que aquel que hace ejercicio no es porque tenga más fuerza de voluntad, sino porque es capaz de sentir un mayor deseo por hacerlo. Un deseo capaz de superar a otros deseos que también puede sentir en el mismo momento. Un deseo que se genera a causa de un conjunto de razones muy personal. De igual manera, quien se pone a estudiar no es

32

porque tenga más capacidad de esfuerzo, sino porque su motivación para hacerlo es más poderosa que otras motivaciones, de nuevo a causa de un complejísimo proceso neuronal de elección y decisión. Y el trabajador o empresario que pasa largas horas en su empresa lo hace porque hay factores que le impulsan a sentir la necesidad de hacerlo, no porque su capacidad de sufrimiento tenga que ser especialmente excepcional.

Y, por el contario, quien no hace todas estas cosas es porque sencillamente prefiere hacer otras. No vamos a entrar en valoraciones éticas, ni en juicios o críticas, nos mantendremos alejados de ese tipo de asuntos, todos ellos actúan como lo hacen porque el *sonido final* de su "baile" energético neuronal ha llegado a esa *afinación* concreta.

Están motivados.

Referencias:

(1)

"Resiliencia', 'bizarro' y 'procrastinar', las palabras más consultadas en la RAE" – www.diarioinformacion.com (31.01.2017)

(2)

The nature of procrastination: A meta-analytic and theoretical review of quintessential self-regulatory failure (2007)

A meta-analytically derived nomological network of procrastination (2003)

(3)

Measuring Causal Attributions for Success and Failure: A Meta-Analysis of the Effects of Question-Wording Style (2010)

Attribution of success and failure revisited, or: The motivational bias is alive and well in attribution theory (1979)

Attribution Theories: How People Make Sense of Behavior (2011)

(4)

Against willpower - Willpower is a dangerous, old idea that needs to be scrapped" (2017)

(5)

10-Item Self-Scoring Self-Control Scale- High Self-Control Predicts Good Adjustment, Less Pathology, Better Grades, and Interpersonal Success (2004)

(6)

Abstinence Funding Was Not Associated With Reductions In HIV Risk Behavior In Sub-Saharan Africa (2016)

Abstinence-Only-Until-Marriage: An Updated Review of U.S. Policies and Programs and Their Impact (2017)

Comparison of comprehensive and abstinence-only sexuality education in young African American adolescents (2017)

Impacts of Four Title V, Section 510 Abstinence Education Programs (2007)

Abstinence-only programs for HIV infection prevention in high-income countries (2007)

(7)

Much Ado About Grit: A Meta-Analytic Synthesis of the Grit Literature (2017)

(8)

Reino Unido no operará ni a obesos ni a fumadores para reducir costes en su sanidad pública - The Huffington Post - 06/09/2016

(9)

En el taller de Patelo: 'Nunca pensé que mi motor daría la vuelta al mundo–Lainformación.com 9/11/2016

(10)

Theories an principles of motivation–Handbook of educational psychology. (1996)

(11)

A categorized list of motivation definitions, with a suggestion for a consensual definition (1981)

(12)

Employee commitment and well-being: A critical review, theoretical framework and research agenda (2010)

(13)

Employee commitment, motivation and engagement, exploring the links (2014)

(14)

A Theory of Individual Differences in Task and Contextual Performance. (2009).

(15)

The nature and causes of job satisfaction.(1976).

(16)

Subjective well-being (1984).

(17)

The relationship between authentic leadership, optimism, self-efficacy and work engagement. (2010)

(18)

Business-Unit-Level Relationship Between Employee Satisfaction, Employee Engagement, and Business Outcomes: A Meta-Analysis. (2002)

Work engagement: a quantitative review and test of its relations with task and contextual performance (2011)

(19)

Time of conscious intention to act in relation to onset of cerebral activity (readiness-potential). The unconscious initiation of a freely voluntary act. (1983)

We infer rather than perceive the moment we decided to act (2009)

(20)

Approach bias and cue reactivity towards food in people with high versus low levels of food craving (2016)

Decoding subjective decisions from orbitofrontal cortex (2016)

The impact of emotion on perception, attention, memory, and decision-making (2014)

Purchase and Consumption Habits: Not Necessarily What You Intend (2007)

The habitual consumer (2009)

(21)

The neuroscience of motivated cognition (2015)

(22)

The neuroscience of motivated cognition (2015)

Neurobiological constraints on behavioral models of motivation. (1997)

(23)

Thinking, Fast and Slow (2011)

Impulsive versus reflective influences on health behavior: a theoretical framework and empirical review (2008)

(24)

The Biology of Desire: Why Addiction Is Not a Disease (2015)

Manual diagnóstico y estadístico de los trastornos mentales. APA, 2013.

Addiction: Motivation, action control, and habits of pleasure (2017)

(25)

Pharmacological treatments for obsessive-compulsive disorder and the serotonin-dopamine hypothesis (2011)

Altered brain activity during reward anticipation in pathological gambling and obsessive-compulsive disorder (2012)

Dysfunctional reward circuitry in obsessive-compulsive disorder (2011)

Role of dopamine in the pathophysiology and treatment of obsessive-compulsive disorder (2010)

Evaluation of animal models of obsessive-compulsive disorder: correlation with phasic dopamine neuron activity (2013)

Low Level of Dopaminergic D2 Receptor Binding in Obsessive-Compulsive Disorder (2012)

Reward circuitry dysfunction in psychiatric and neurodevelopmental disorders and genetic syndromes: animal models and clinical findings(2012)

Dysfunctional Reward Circuitry in Obsessive-Compulsive Disorder (2011)

(26)

Can satisfaction reinforce wanting? A new theory about long term changes in strengh of motivation (2008)

CAPÍTULO 2
ME MUEVE LO QUE DESEO

La mirada microscópica que hemos dirigido a la motivación en el capítulo anterior nos ha servido para formalizar una serie de definiciones y un lenguaje común. Una definición consensuada y un modelo sencillo para entender los mecanismos neurológicos son un buen punto de partida en este sentido. Pero todavía estamos lejos de los conceptos que nos serán más útiles y que estarán más cercanos a nuestro día a día.

Como ya imaginará, los expertos en las ciencias del comportamiento humano llevan muchos años estudiando la motivación y desarrollando teorías al respecto. Pero tengo que decir que, en mi humilde opinión, éste no parece haber sido uno de los temas preferidos de esta comunidad científica, ni mucho menos, que parece haberse inclinado por profundizar en la mente inconsciente y las cogniciones. Los psicólogos de referencia del pasado pasaron de puntillas ante la motivación; por ejemplo, Freud sostenía que era impulsada por el sexo y la agresión, y explicó los rasgos de personalidad mediante el objetivo de reducir la ansiedad. Por otro lado, la psicología conductista sometía a los sujetos a situaciones de necesidad fisiológica, que impedía revelar la importancia de las necesidades psicológicas; un hombre puede ser extremadamente ambicioso, pero difícilmente lo notaremos si está muerto de hambre y toda su energía debe concentrarse en encontrar comida. Por su parte, los psicólogos cognitivos han estudiado procesos de pensamiento sobre todo desde la perspectiva de la desmotivación y aplicando la racionalidad.

A pesar de esta falta de entusiasmo, gracias al esfuerzo de algunos expertos y al paso del tiempo, se han ido acumulando trabajos interesantes, por lo que hoy en día disponemos de una buena cantidad de conocimiento recopilado sobre este tema.

Durante el último siglo, podríamos identificar tres grandes etapas en la investigación en este campo. Al comienzo, durante lo que podríamos llamar *periodo mecanicista*, los planteamientos y estudios se realizaban con frecuencia sobre animales y las teorías predominantes se centraban en las necesidades fisiológicas y en los impulsos innatos, en el castigo y la recompensa. Se aplicaba la versión más instintiva y conductista del ciclo de decisión que hemos visto en el capítulo anterior, los deseos no eran más que consecuencia de necesidades fisiológicas. Posteriormente, durante las décadas de los años 60 y 70, los investigadores se centraron más en los seres humanos, incluyeron con más solidez la variable cognitiva e introdujeron en sus trabajos procesos como el aprendizaje, la percepción y la memoria; y elementos tales como la curiosidad, la afiliación o la disonancia. Y finalmente, desde la década de los 80 hasta la actualidad, prácticamente centrados en el comportamiento humano en su totalidad, los expertos sobre la motivación avanzaron hacia el desarrollo y la autorrealización, reforzando el papel de conceptos como la autoestima, la cooperación, la competencia y la autorregulación (1).

Como no podría ser de otra forma, nosotros nos centraremos en enfoques recientes, ya que además de ser más coherentes con los tiempos en los que vivimos, se han ido construyendo sobre experiencias anteriores, como ocurre siempre en ciencia. De esta forma, el conocimiento se ha ido seleccionando, filtrando y acumulando, dando lugar a una amplia y valiosa bibliografía, de la cual intentaremos extraer y sintetizar las ideas más contrastadas, útiles y valiosas.

Identificando los motivos que nos mueven

Como ya hemos comentado, nuestro punto de referencia no va a situarse en las personas desmotivadas, más bien al contrario. Vamos a centrarnos en las motivadas, ya que realmente todos estamos motivados por hacer ciertas cosas, aunque no siempre coincidan con las que nuestro lado más racional nos recomendaría.

Para comenzar a generar y analizar datos y a desarrollar hipótesis y teorías en este sentido, podríamos empezar con una estrategia muy habitual en ciencia: intentando recopilar, analizar y clasificar toda la información disponible. Como hablamos de motivaciones, en este caso se trataría de intentar reunir y caracterizar todas las cosas por las que la gente se siente motivada. Y después proceder a estudiar toda esta información.

Aunque la verdad es que la labor puede desanimar a cualquiera. Las posibilidades parecen infinitas, dada la enorme cantidad y diversidad de intereses y actividades por las que las personas nos movilizamos. Y cuanto más avanzada y compleja es la sociedad, más se complica el asunto: más actividades, más recursos, más ocupaciones, más profesiones, más aficiones…

Este enfoque no es el único para estudiar la motivación, ni mucho menos. Ni tampoco es nuevo. Pero poco a poco se ha ido consolidando entre la comunidad científica y ha ido acumulando evidencia en su favor. Afortunadamente, para hacer la labor más manejable, los expertos que han desarrollado todas estas ideas han añadido una importante premisa. Por muy numerosas y diferentes que sean las actividades por las que nos interesamos, detrás de la motivación habría un afán mucho más concreto: la satisfacción de ciertos deseos o necesidades fundamentales. Una especie de fin último que dirigiría, daría sentido e insuflaría energía a los comportamientos.

Para referirse a dichas necesidades, se utilizan términos como *motivos, móviles, valores, motivaciones* u *objetivos* – el consenso respecto a la mejor forma de denominarlos no es algo particularmente trabajado–, pero todos ellos se refieren más o menos a lo mismo. En el fondo, la diversidad y riqueza de nuestras preferencias, nuestro interés por ciertas actividades, procesos o tareas, todos nuestros comportamientos motivados, estarían buscando satisfacer dichos deseos y necesidades.

Desde el punto de vista del ciclo de motivación, diríamos que estos deseos serían su alimento, lo que lo hace "girar". El ciclo sería especialmente sensible a sus señales y capaz de provocar placer o recompensa al llegar a su satisfacción.

En el pasado, diversos filósofos y expertos han profundizado en este planteamiento de *deseos básicos*. Por ejemplo, Aristóteles o Descartes llegaron a deducir doce y seis deseos respectivamente, que consideraron los responsables de dar sentido a los comportamientos de todo ser humano. Pero estas primeras teorías se basaban en experiencias y opiniones personales, no se desarrollaban de forma estructurada y tampoco utilizaban un enfoque basado en la ciencia, los datos objetivos y la estadística.

Algunos de los modelos de este tipo, más estructurados planteados desde la psicología relativamente reciente, han alcanzado elevados niveles de popularidad, especialmente en el entorno laboral. Por ejemplo, una teoría muy conocida es la de Abraham Maslow, cuyas ideas principales se han difundido mediante su enormemente popular diagrama en forma de pirámide, conocido como *Pirámide de Maslow*. En este caso la motivación estaría impulsada por la consecución jerarquizada de ciertas necesidades (Maslow eligió este término) y las necesidades se representarían en forma de niveles; las más básicas en su parte inferior, relacionadas con la fisiología o la seguridad (sexo, alimentación, familia, salud, etc.), y al ascender, progresivamente, aparecerían necesidades y deseos más "sofisticados" y más relacionados con el desarrollo psicológico (amistad, autoestima, confianza...).

Cuando se interpreta esta pirámide se entiende que las personas nos sentiríamos motivadas a ir cubriendo cada una de ellas de forma secuencial, de abajo arriba, empezando por lo más básico (lo fisiológico) y ascendiendo hacia la cúspide, que en caso de alcanzarse, permitiría llegar a la autorrealización. Este camino, basado en necesidades y etapas, sería el que impulsaría la motivación, el comportamiento humano y sus prioridades.

Jerarquía de necesidades de Maslow

Propuestas como la de Maslow han contribuido enormemente a divulgar principios básicos relacionados con la motivación basada en deseos. Son teorías atractivas, que se basan en principios fáciles de comprender y que permiten explicar de forma estructurada y sencilla nuestros criterios globales a la hora de tomar decisiones, algo que siempre es de agradecer.

Sus propuestas transmiten mucha lógica y sentido común, sin embargo, cuando intentamos buscar la evidencia científica que las soportan, podemos comprobar que no es proporcional a su popularidad. En el artículo en el que Maslow describió por primera vez la jerarquía de necesidades, las referencias incluidas no aportaban pruebas suficientes que la justificaran (2). Ni siquiera se mencionaba ninguna pirámide. Así que aunque quizás tuvo una gran capacidad para intentar entender y sintetizar ideas complejas y desarrollar modelos para explicarlas, no las acompañó de suficiente cantidad de ensayos y experimentos.

Esto no significa que las ideas de Maslow sean incorrectas, simplemente quiere decir que no han sido sólidamente contrastadas, especialmente en algunos de sus aspectos clave. ¿Se ha comprobado la estructura jerarquizada de las necesidades? ¿Y el posicionamiento concreto en cada uno de los niveles de todas ellas? Lo cierto es que, a pesar de lo conocidas y utilizadas que son, en la actualidad no tenemos respuestas fiables a algunas de estas importantes preguntas. Y eso es un problema.

Aunque la propuesta de Maslow quizás no tenga detrás toda la evidencia que sería deseable, como ya he dicho, los enfoques sobre la motivación que comparten la idea de la existencia de una serie de necesidades, móviles o deseos fundamentales – que serían los que buscamos satisfacer – han ido ganando aceptación a lo largo de los años. Y la labor principal, como sería esperable, se ha focalizado en su identificación. Si nos centramos en las investigaciones más recientes, la diversidad de criterios es muy amplia y cada grupo de expertos enfoca sus planteamientos como considera oportuno, con frecuencia difiriendo bastante de trabajos anteriores. De cualquier forma, si utilizamos como criterio la exhaustividad y la integración, podemos encontrarnos con algunos estudios que han hecho una buena labor de análisis y revisión de la literatura científica más relevante desde los comienzos del siglo pasado y hasta el presente, identificando una buena cantidad de deseos, motivos u objetivos. Y posteriormente han desarrollado, mediante diferentes métodos, algún tipo de clasificación y agrupación de los mismos. El resultado de estas revisiones suele ser una amplia lista de deseos o necesidades fundamentales, organizados por temas y mediante grupos y subgrupos, que suelen superan ampliamente el centenar de ítems (3).

La dimensión de la cantidad final quizás no tenga demasiada relevancia en el ámbito académico, pero en nuestro contexto divulgativo podría ser un problema. Conocer, entender y manejar 150 deseos o necesidades no parece una labor sencilla. Los propios investigadores que han llegado a estas listas proponen algunas ideas para resumir, clasificar y sintetizar estos listados, siendo la más popular la de agruparlos en forma de niveles. Lo que se denomina como "taxonomía" y que también se utiliza en otras muchas ramas de la ciencia, como la evolución o la biología. De esta forma, en la parte más alta tendríamos los deseos más genéricos, que se irían subdividiendo en deseos más detallados y específicos, de forma análoga a como se despliegan las raíces de un árbol. Si nos fijamos únicamente en los de niveles superiores y genéricos, la cantidad sería más contenida, aunque a costa perder concreción.

Uno de los expertos que ha trabajado en este sentido es Steven Reiss, un psicólogo norteamericano que fue profesor en la Universidad de Ohio. Además de investigar sobre temas tan diversos como los trastornos de ansiedad o los aspectos psicológicos de la religiosidad, Reiss dedicó buena parte de su carrera profesional a la motivación. O, siendo más precisos, al tema del que estamos hablando, la búsqueda y caracterización sistemática de un conjunto de lo que él llamó "deseos básicos", que según sus teorías, son los que impulsan la psique humana y tienen la capacidad de explicar una amplia gama de experiencias, desde las relaciones hasta los valores y la cultura (4).

Reiss siguió más o menos el mismo proceso que otros autores: Utilizando el trabajo previo de otros investigadores y añadiendo su propia experiencia, llegó a una lista de varios centenares de ítems. Posteriormente se centró en agruparlos, resumirlos, priorizarlos y validarlos, mediante encuestas y diversas técnicas estadísticas, en varias fases, involucrando a decenas de miles de sujetos, de un amplio rango de edades y todo tipo de profesiones.

Poco a poco fue reduciendo la lista, asegurándose que se incluían todos los conceptos que eran relevantes y cuidando que todo ello se hiciera con el mínimo de pérdida de información (5).

Como resultado final de todo este trabajo realizado durante años, contrastado en varios países, y tras completarlo con la aportación de otros autores, llegó a configurar una lista final de 16 móviles y deseos fundamentales. Una extensión bastante contenida y con planteamientos y lenguaje cercanos y familiares utilizando palabras de fácil comprensión, con términos muy autoexplicativos. Aunque quizás no sea tan exhaustiva y detallada como otros trabajos, la sistematicidad con la que se fue desarrollando y completando aporta un buen punto intermedio entre la sencillez y el rigor.

Según Reiss, todo el mundo estaría influenciado por este conjunto de deseos básicos. Cada uno de ellos actuaría como fin último de las decisiones, actividades y comportamientos. A lo largo de nuestra vida y durante nuestra actividad cotidiana, de vez en cuando conseguiríamos saciar estos deseos, normalmente consiguiendo objetivos concretos relacionados con dicho fin. Pero ocurriría solo temporalmente, ya que reaparecerían al transcurrir cierto tiempo (horas, días…).

Uno de sus planteamientos distintivos es que cada persona priorizaría de manera diferente cada uno de estos deseos. Su clasificación e importancia sería algo particular y personalizado y normalmente una pequeña cantidad de ellos serían los que con más intensidad influirían en los comportamientos (6).

Móvil	Nombre
1.Deseo de tener relaciones sexuales	Romance
2.Deseo de comer	Comida
3.Deseo de criar hijos	Familia
4.Deseo de hacer ejercicio	Actividad física
5.Deseo de reducir ansiedad y miedo	Tranquilidad
6.Deseo de recopilar y acumular	Ahorro
7.Deseo de organización	Orden
8.Deseo de autosuficiencia	Independencia
9.Deseo de aprobación	Aprobación
10.Deseo de amistad	Contacto social
11.Deseo de seguir códigos éticos	Honor
12.Deseo de conocimiento	Curiosidad
13.Deseo de ganar	Ganar
14.Deseo de influir	Poder
15.Deseo de posición social	Estatus
16.Deseo de mejorar la sociedad	Idealismo

Lista de 16 deseos básicos de Steven Reiss

Además – siempre según Reiss – los deseos básicos serían una referencia a la hora de hacernos sentir emociones, tanto positivas como negativas. Las emociones positivas serían resultado de haber saciado temporalmente un deseo básico, mientras que las emociones negativas indicarían la necesidad de saciar un deseo de este tipo. O que el proceso para hacerlo ha sido interrumpido o frustrado. Por ejemplo, la sensación de superioridad sería un sentimiento que se alcanzaría al cumplir el deseo de *estatus*. Y, por el contrario, el no alcanzar este deseo tendría como resultado un sentimiento de inferioridad.

Por otro lado, la intensidad con la que uno se orienta hacia uno u otro deseo también aportaría rasgos importantes a la personalidad.

Por ejemplo, todo el mundo estaría motivado en cierta medida para buscar la *aprobación* de los demás, pero las personas que tengan este deseo básico débil presentarían rasgos de exceso de confianza y serían muy seguros de sí mismos. Por el contrario, aquellos que tengan una intensidad promedio, no ofrecerían ninguna impresión distintiva sobre su seguridad y podrían tener confianza en algunas situaciones y falta de confianza en otras. En el otro extremo, las personas con una alta intensidad del deseo básico de *aprobación*, estarían muy preocupados por la necesidad de impresionar a otros y no provocar ningún tipo de rechazo, por los que se les podría describir como inseguros y carentes de autoconfianza.

Aunque estos deseos básicos son bastante explícitos, vamos a ver cada uno de ellos con más detalle, utilizando el análisis genérico que hacía Reiss y viendo cómo pueden influir en comportamientos y rasgos de personalidad. Y mientras lo hacemos, le animo a intentar ir comprobando hasta qué punto puede encontrar ejemplos propios o de personas de su entorno a las que les motiva de forma especial la consecución de alguno de ellos.

Romance: El deseo de romanticismo motiva a preocuparse por la apariencia y a buscar compañeros sexuales potenciales. Cuando las personas se sumergen en el amor romántico, sus sentimientos por otras personas son muy intensos, se perciben unos a otros como hermosos, graciosos, grandes, atractivos o adorables. Sus mentes están llenas de pensamientos mutuos. El objetivo final es el sexo y este deseo disminuye en intensidad durante la edad adulta. Cuando se satisface este deseo, se siente éxtasis y placer, y cuando se frustra lujuria. Las personas con un fuerte deseo de romance buscan vidas sexuales activas, con frecuencia piensan en el sexo y presentan rasgos calificados como amorosos, coquetos, apasionados, románticos e incluso promiscuos. En el otro extremo, las personas con un deseo débil para el romance piensan poco en el sexo y se identifican con términos tales como celibato, castidad y puritanismo.

Comida: La necesidad de alimento es algo fisiológicamente obvio para la supervivencia, por ello nuestro organismo es especialmente sensible a las señales de la comida y a todo lo relacionado con ella, que se regula en base a dos emociones muy familiares y concretas: Una positiva de saciedad y otra negativa de hambre o apetito. Quienes tienen este deseo especialmente acentuado disfrutan mucho con la comida, piensan mucho en ella y se preocupan por tenerla disponible, lo cual les puede llevar a ser vistos como glotones. Por el contrario, quienes lo tienen atenuado lo ven casi como una obligación, como algo necesario, y suelen ser consideradas personas frugales. Como veremos más adelante, La sobredisponilidad de alimentos actual es probable que haya acentuado el interés de muchos hacia la comida y puede que esté detrás de la epidemia de obesidad que asola los países desarrollados.

Familia: Este deseo se refiere a los instintos maternos y paternos. El deseo de la familia motiva a la gente a pasar tiempo con sus hijos y a priorizar las necesidades de sus hijos antes que las suyas. También impulsa a valorar especialmente a la familia – niños, hermanos y hermanas – y estar atentos a las necesidades de todos ellos. Cuando la gente con elevada intensidad en este deseo satisface su deseo de familia, se sienten necesarios y amados, completos y felices. Por contra, para quienes este deseo es débil, sienten que la familia y sus responsabilidades les sobrepasan e incluso les agobian.

Actividad física: Aunque el estar en forma sigue siendo un valor bastante extendido, hoy en día el ejercicio no se suele practicar demasiado. Su consecución produce una sensación positiva de vitalidad, fuerza y resistencia, mientras que su frustración provoca inquietud. Las personas con este deseo intenso buscan un estilo de vida activo, en el que el entrenamiento o el deporte es una parte importante de sus vidas. Por el contrario, quienes lo tienen débil prefieren un estilo de vida sedentario, necesitan estímulo y razones extrínsecas como la salud para hacer ejercicio regularmente, con rasgos asociados a la apatía, inactividad y pereza.

Tranquilidad: El riesgo tiene una doble cara, ya que es peligroso pero a la vez nos produce emoción, por lo que no siempre es una sensación negativa. Las personas regulan cuánto peligro y seguridad quieren experimentar, pero difieren en el punto de equilibrio que prefieren. Las personas con un fuerte deseo básico de tranquilidad valoran mucho su seguridad personal, pueden tener bastantes miedos y pueden ser muy sensibles al dolor, preocuparse demasiado por el dinero, el amor, el trabajo, la salud o el futuro y tienden a evitar riesgos. Sus rasgos de personalidad están relacionados con la cautela, la ansiedad y la preocupación. Y las que lo tienen débil suelen ser arriesgadas y buscadores de emociones, que suelen considerarse aventureros, valientes, intrépidos y exploradores.

Ahorro: El ahorro es el deseo de acumular cosas de todo tipo, incluido el dinero (pero no solo). Influye en cómo se cuidan las cosas y en la actitud hacia el gasto. Motiva a valorar la frugalidad y a rechazar el despilfarro. Un deseo intenso da lugar a rasgos de acaparación, y austeridad. Y un deseo débil se asocia al despilfarro y al derroche.

Orden: Las personas que tienen necesidad de entornos organizados y estructurados se sienten confortables y a gusto cuando se satisface este deseo, pero incómodos cuando reina el desorden. La organización y la puntualidad son muy importantes para ellos, prestan atención a detalles, reglas y horarios. No les gustan demasiado los impulsos y prefieren las situaciones poco cambiantes. También pueden ser algo rígidos, llegando a pensar que sólo hay una manera de hacer las cosas y podrían tener dificultades para adaptarse al cambio. Suelen considerarse cuidadosos, inflexibles, metódicos, organizados, precisos y minuciosos. En el otro extremo, las personas con este deseo débil son flexibles, con alto nivel a la tolerancia a la ambigüedad y sin ninguna atracción por las reglas. A menudo cambian sus planes o mente, son más espontáneos y prefieren centrarse en la perspectiva más global en lugar de en los detalles muy concretos.

Independencia: Como veremos con más detalle en próximas páginas, la volición y la autonomía son necesidades psicológicas absolutamente fundamentales para la gran mayoría de las personas. En ese sentido, la independencia es el deseo universal de autosuficiencia que motiva a cuidar de uno mismo, a tomar decisiones propias y confirmar la individualidad. La satisfacción de este deseo produce la sensación de libertad personal, mientras que la frustración produce sentimientos de dependencia. Quienes persiguen este deseo consideran la libertad como algo muy importante, quieren que las cosas se hagan a su manera (incluso hasta llegar a ser orgullosos o tercos si lo llevan a extremo). Por el contrario, un deseo de independencia débil hace que se prefiera confiar en otros para la consecución de los objetivos y para tomar decisiones importantes.

Aceptación: La aceptación es el deseo universal de no ser criticado y rechazado. Hace que alguien evite situaciones en las que esto pueda ocurrir y se mantenga alejado de las personas a las que no les gusta. Al ser evaluado o entrevistado (como por ejemplo para un proceso de selección laboral) se pone especialmente nervioso. Quienes tienen este deseo especialmente intenso presentan rasgos de inseguridad y quienes lo tienen atenuado son vistos como personas con gran confianza en sí mismos, optimistas y que suelen tomarse constructivamente críticas y comentarios adversos.

Contacto social: Como también veremos con mucha más profundidad en próximas páginas, este deseo deriva de la naturaleza innatamente social del ser humano, que busca interactuar con otras personas. Se refiere al contacto "entre pares", no a la compañía de amantes o padres/hijos, ya que se consideran deseos diferentes (el hecho de querer pasar mucho tiempo con padres o hijos no predice el tiempo que se desea pasar con amigos). Su efecto nos permite sentir diversión y felicidad cuando está presente, pero soledad y tristeza cuando escasea. Las personas con un deseo de contacto social alto son amigables, amantes de la diversión y optimistas, y pueden describirse como sociables, afables, encantadores, alegres, extrovertidos, amistosos y gregarios. Por el contrario, quienes lo presentan atenuado disfrutan de la soledad y no les gustan las conversaciones ni nada que conlleve socialización, Pueden parecer serios y con pocos amigos, bruscos, reservados, distantes, e introvertidos.

Honor: El honor se basa en la adopción de códigos de conducta, es el deseo de seguir reglas morales e impulsa a comportarse de forma honesta, leal, digna de confianza y responsable, haciendo los sacrificios personales que sean necesarios. La satisfacción de este deseo produce sentimientos de lealtad, mientras que la insatisfacción produce sentimientos de culpa y vergüenza. Las personas que más valoran este deseo son justas, confiables, firmes. Las que lo presentan más débil creen que las cosas dependen de las circunstancias, son más oportunistas y están más abiertas a cambiar las reglas de juego.

Curiosidad: Detrás de este deseo está la necesidad de aprender cosas nuevas. Los niños que lo presentan de forma intensa suelen hacer muchas preguntas y a los adultos curiosos les gusta involucrar a otros en conversaciones intelectuales. Ambos suelen interesarse por muchos y diversos temas y suelen sentirse maravillados y emocionados al dar respuesta a esta sed de conocimiento. Pero aburridos o confusos cuando no pueden hacerlo. Por el contrario, las personas poco curiosas hacen pocas preguntas y evitan conversaciones complejas.

Ganar: En la lista original, Reiss denominó este deseo como "venganza", pero considerando las definiciones del mismo que incluyó en sus publicaciones, creo que el término "ganar" es más acertado y solo se acercaría al significado de "venganza" en los casos más extremos. El *ganar* es el deseo de quedar por delante de otros, de desquitarse con la gente que nos frustra o nos ofende. Su satisfacción produce la sensación de alegría por la vindicación, mientras que la frustración aviva el espíritu de lucha e incluso la ira. El deseo de ganar motiva el espíritu competitivo. Las personas competitivas no son necesariamente agresivas físicamente, pero pueden enfrentarse fácilmente en muy diversos temas. Valoran especialmente el ganar, por eso suelen apreciar los juegos en los que hay rivalidad, siempre y cuando les permita conseguir esas victorias (incluso aunque sea como espectadores de un partido de fútbol). Las personas con un fuerte deseo básico de *ganar* se apresuran a enfrentarse y competir, valoran a los competidores y ganadores. Suelen verse como competitivos, luchadores, combativos e incluso agresivos. Quienes lo tienen débil evitan la confrontación, las peleas y la violencia y prefieren cooperar en lugar de competir, siendo más amistosos, colaborativos y pacificadores.

Poder: Tras este deseo se esconde la necesidad de influir en otras personas, por lo que suele estar asociado al liderazgo. Su satisfacción permite sentir el bienestar de la autoeficacia y de competencia, mientras que su frustración produce arrepentimiento e incluso vergüenza o humillación. Las personas con un fuerte deseo de poder se hacen cargo de situaciones complejas y asumen el liderazgo. Buscan retos y se esfuerzan mucho por conseguir sus objetivos. Pueden disfrutar dando consejos a otros y suelen presentar rasgos ambición, asertividad o audacia, determinación, decisión y voluntad. Por el contrario, si este deseo es débil tienden a dejar que los acontecimientos ocurran sin tratar de influir en ellos. No tiene especial atracción por la ambición ni por dar consejos u orientar a nadie Pueden rechazar los objetivos retadores y prefieren estar más en la posición de espectadores, más relajados aunque menos influyentes.

Estatus: El estatus es el deseo de una posición social basada en la riqueza, un título, la clase social. El estatus motiva valores materialistas, con frecuencia relacionados con la casa, la vestimenta, los adornos o el coche. La satisfacción de este deseo produce sentimientos de autoestima, halago, orgullo y superioridad, mientras que la frustración produce sentimientos de insignificancia, desprecio o inferioridad. El estatus nos lo dan los demás y quienes lo buscan valoran de forma especial el respeto. Generalmente la atención es un indicador en este sentido: la gente presta atención a personas importantes e ignora a quienes considera sin importancia. Las personas con un fuerte deseo de estatus valora las cosas materiales y lo que es popular, relacionarse con personas importantes o adineradas (incluso hasta el punto de utilizarlo como criterio importante al elegir pareja) y pertenecer a clubs o grupos exclusivos. Aunque no puedan pagar esta forma de vivir, pueden ser capaces de endeudarse peligrosamente para conseguirlo. Suelen ser vistos como materialistas, formalistas, clasistas y protocolarios. Por el contrario las que lo tienen bajo no se sienten impresionados por la clase social ni le dan demasiado valor y les suele importar poco lo que los demás piensen de ellos en ese sentido. Suelen presentar rasgos de ser más informales, sencillos e igualitarios.

Idealismo: Es el deseo de mejorar la sociedad. Motiva a involucrarse en causas sociales (erradicar la enfermedad, la pobreza, el racismo…), asuntos de actualidad u organizaciones benéficas e impulsa a valorar a la humanidad y a tener compasión por los menos afortunados. La satisfacción de este deseo produce sentimientos de compasión, mientras que su frustración provoca indignación y sensación de injusticia social. Quienes no presentan este deseo se centran prioritariamente en los acontecimientos de su propia vida, más que en la sociedad. Pueden pensar que la injusticia es parte de la vida y que poco se puede hacer al respecto. Suelen tener rasgos pragmáticos, duros, poco implicados, incluso insensibles.

Pocos deseos, muchas opciones

Tras leer la lista de 16 deseos tal vez eche de menos algunos que se le hayan ocurrido o que le haya parecido identificar en algunas personas. Lo cierto es que si decide compararla con los resultados de otras revisiones – las mencionadas anteriormente y que acumulan decenas y decenas de conceptos – se podrían echar en falta algunas cuestiones, ya que hay otros expertos que coinciden en identificarlas. Así que podría ser razonable completar el listado con deseos como la *búsqueda de la belleza* (que movería a quienes son amantes de las artes y del diseño), la *espiritualidad* (especialmente relevante para quienes buscan la trascendencia o se apoyan firmemente en la religión o en la creencia de Dios) o la *modificación física del entorno* (que daría lugar al deseo de construir cosas). El propio Reiss ha intentado incorporar posteriormente algunos de éstos deseos, incluyéndolos dentro de algunos de los de su lista anterior, pero sin demasiada fortuna, al menos en mi opinión.

Así que no descartaremos totalmente esta posibilidad de ampliación, pero dado que hay que priorizar, en principio procuraremos limitarnos a la propuesta de 16 deseos, que ya ha pasado por un largo y estructurado proceso de selección. Aunque siendo conscientes de que este tipo de priorizaciones a veces suponen algún tipo de pérdida de información, algo que es absolutamente normal cuando se hacen simplificaciones. En la medida en la que vaya conociéndolos mejor, podrá comprobar que pueden ser una herramienta útil para entender por qué hacemos lo que hacemos, pero conviene dejar claro que hay que tener especial cuidado a la hora de correlacionar deseos y comportamientos, ya que el riesgo de hacer simplificaciones inadecuadas, deducciones incorrectas y equivocarse es elevado. Especialmente cuando hay poca información, se tiene poca experiencia y no se conoce a la persona en profundidad. A veces detrás de un comportamiento, hábito o rasgo no está el deseo que podría parecer más evidente.

Por ejemplo, alguien especialmente preocupado por avanzar en su carrera profesional probablemente pensemos que está motivado por el deseo de conseguir *poder*. Quizás estemos en lo cierto, o tal vez no, ya que también podría estar impulsado por un deseo de conseguir posición social (*estatus*). O tal vez haya una pasión por el *ahorro* y la acumulación de bienes, para lo que busca conseguir un salario más elevado y su forma de conseguirlo es mediante ascensos. O tal vez su círculo más cercano de amistades sea un grupo de personas muy influyente y considere que para lograr su *aprobación* es necesario un ascenso en el organigrama de su empresa.

Otro ejemplo de equivocación podría darse al analizar la pasión por alguna actividad. Si conocemos a alguien muy aficionado a practicar deporte, probablemente lo primero que nos venga a la cabeza sea el deseo básico de *ejercicio*. Pero hay personas que no presentan un interés muy destacado por ejercitar sus músculos y sin embargo para ellos el deporte es una forma de relacionarse y reforzar la amistad (*contacto social*). O de competir y tener oportunidad de vencer a sus oponentes (*ganar*). O, más probablemente, la propuesta más acertada sea una combinación de varios de estos deseos.

También conviene aclarar que no debemos dejarnos llevar por la tentación de clasificar "per sé" algunos deseos como buenos o malos o como mejores y peores. Probablemente los deseos de *poder, ganar, estatus o tranquilidad* no nos sugieran rasgos demasiado positivos. Y, por el contrario, es posible que los de *familia, orden, ahorro, idealismo o curiosidad* nos provoquen mayor simpatía o afinidad. Sin embargo, la "positividad" o "negatividad" de estos deseos no deja de ser una valoración subjetiva. Las actividades y comportamientos específicos con los que cada persona persigue e intenta satisfacerlos pueden ser muy diversos. Y los rasgos y caracteres de cada persona no solo dependen de los deseos básicos y de las motivaciones, también se ven influidos por otros factores o variables, tales como sus valores y principios, el contexto e incluso la coexistencia con otros deseos.

Por ejemplo, alguien que presenta un fuerte deseo de *idealismo* acompañado de un deseo de *ganar* también intenso puede mostrar actitudes y posturas extremas, como las que podrían verse en un hipotético ecologista convencido de la necesidad de cuidar el planeta pero muy radical e incluso hasta violento. Sin embargo, si el *idealismo* está acompañado del deseo de *poder*, quizás el resultado sea un ecologista comprometido, líder y carismático, capaz de ayudar y traccionar eficazmente a las personas que le rodean en la consecución de nobles objetivos. Y sin olvidar que la forma en la que se busca el *poder* (y posteriormente se ejerce) puede ser honesta, constructiva y comprometida, pero también egoísta e insensible.

Igualmente, tampoco es recomendable caer en la tentación de hacer juicios negativos o calificar despectivamente a las personas cuando la intensidad de un deseo básico es débil. Por ejemplo, cuando alguien no tiene ningún tipo de motivación por la *actividad física* (perezoso), por el *orden* (desorganizado) o la *curiosidad* (despreocupado). Una vez más nos estaríamos dejando llevar por prejuicios y valoraciones morales muy subjetivas. Es más aséptico y objetivo pensar que esas personas simplemente tienen otras motivaciones.

En el último capítulo del libro encontrará un cuestionario que puede utilizar como guía para evaluar sus prioridades respecto a los deseos básicos. Es recomendable que se tome su tiempo para hacerlo con rigor, teniendo en cuenta todas las recomendaciones que hemos mencionado y reflexionando tranquila y honestamente cada una de las afirmaciones, recordando y procurando entender lo que hay detrás de cada una de ellas, incluso apoyándose en lo que acabamos de resumir para cada deseo básico durante las páginas anteriores. Y asumiendo que es probable que tenga que utilizarlo en varias ocasiones para llegar a una conclusión mínimamente fiable.

Para finalizar por ahora con los deseos básicos, hay otra cuestión especialmente relevante – desde la perspectiva de la evidencia– que también es importante subrayar. Lo cierto es que este enfoque todavía no ha demostrado ser la panacea de la psicología de la motivación, ni mucho menos. Aunque es un camino interesante, le queda mucho camino por recorrer. Su mayor problema es, sin ninguna duda, la necesidad de más respaldo científico.

Por ejemplo, aunque se puede afirmar que Reiss hizo un importante trabajo de recopilación de datos y tratamiento de los mismos, la parte de interpretación, describiendo cada uno de los deseos y asociándolos a rasgos y emociones, es mucho más cualitativa, personal y susceptible de verse influenciada por los sesgos e ideas preconcebidas del investigador.

Desafortunadamente, la motivación sigue sin ser la "niña bonita" de la psicología y pocos autores se han dedicado a estudiar, analizar y complementar o rebatir este tipo de planteamientos. Por todo ello, a la hora de interiorizar todos estos principios e ideas, hay que ser especialmente prudente y ser consciente de que actualmente esta interpretación va acompañada de un significativo grado de incertidumbre. De cualquier forma, la parte que menos vamos a desarrollar en el libro es precisamente la que menos evidencia tiene, la relacionada con los rasgos y la personalidad, ya que es la que menos relación tiene con la motivación.

Las necesidades psicológicas universales

Otros investigadores llevan años proponiendo planteamientos sobre deseos y necesidades básicas que no son discrepantes con propuestas como la de Reiss y otros autores, pero que ponen el foco en necesidades más generalizables y que vamos a ver a continuación.

En el año 1985, un poco antes de que Reiss popularizara sus 16 deseos básicos, vio la luz un libro sobre la motivación titulado "*La motivación intrínseca y la autodeterminación en el comportamiento humano*". Sus autores, Edward L. Deci y Richard M. Ryan, ambos psicólogos, profesores e investigadores de la Universidad de Rochester de Nueva York, unificaron diversos conceptos relacionados con la motivación en sus más de 300 páginas, agrupando e integrando el trabajo desarrollado durante las décadas inmediatamente anteriores por una buena cantidad de expertos (7). Incluyeron una gran cantidad de reflexiones, hipótesis y planteamientos sobre las necesidades psicológicas del ser humano, acompañadas de una larga lista de referencias y englobándolo todo en lo que denominaron "teoría de la autodeterminación"..

Si tuviéramos que sintetizar sus ideas fundamentales, lo cierto es que podríamos hacerlo de forma mucho más sencilla y esquemática que con el modelo de Reiss y sus 16 deseos básicos, ya que todo el planteamiento se asentaba sobre dos grandes pilares. El primero era la formalización del concepto de "*motivación intrínseca*". Con este término se pretendía concretar algo más el genérico "motivación", añadiéndole un matiz importante. El calificativo de "*intrínseca*" pretendía dejar claro que la motivación surgía como consecuencia de un deseo personal, de nuestro interior, y que no era algo que podría ser "injertado" o "impuesto". Y el segundo pilar se centraba en el papel especialmente relevante de otro concepto, la *autonomía,* refiriéndose sobre todo a la volición y a la libre elección, que, según ellos, sería una condición necesaria para llegar a ese tipo de motivación. Para que alguien pueda sentirse realmente motivado a hacer algo, el proceso de tomar la decisión y ejecutar la acción posterior debe ser abordado y resuelto por voluntad propia, por convicción y deseo personal. Sin libertad no habría motivación "auténtica".

Por lo tanto, podríamos afirmar que Deci y Ryan concretaron dos cosas: en primer lugar a qué nos referimos cuando hablábamos de motivación y lo llamaron motivación intrínseca. Y, por otro lado, establecieron la primera condición de contexto para su consecución, la *autonomía*, refiriéndose a la libertad.

Permítame un inciso: si nos retrotraemos al primer capítulo del libro y recordamos la definición que habíamos oficializado, podemos comprobar que su relación con estos dos pilares es muy clara. Recordémosla:

> *"La motivación se refiere a los mecanismos que nos hacen desear y decidir hacer ciertas cosas".*

La idea de *deseo* está íntimamente ligada al concepto de *motivación intrínseca*. Si deseamos hacer algo es porque las ganas de llevarlo a cabo surge de nosotros. Y, por otro lado, el hecho de *decidir* es una de las variables o fases con las que nos encontramos al describir la *autonomía*, como veremos con más detalle en próximas páginas

Volviendo a las ideas de Deci y Ryan, en mi humilde opinión creo que los investigadores norteamericanos tampoco pretendían aportar demasiadas novedades a los modelos sobre el comportamiento humano, sino que se centraron en recopilar, agrupar y sintetizar todo el trabajo que se había hecho hasta la fecha sobre el tema, que era heterogéneo, bastante disperso y sin visión global. Identificaron y unieron diversas piezas de un gigantesco puzle, creadas por una buena cantidad de investigadores y expertos, para intentar llegar a crear un todo coherente. Por ello algunos califican la teoría de la autodeterminación como *"una macroteoría de la motivación"*.

Pero estos primeros pasos no fueron más que el aperitivo de esta teoría. Como ya he comentado, realmente podría considerarse una especie de recopilación de otras teorías y reflexiones, dirigidas a consensuar unas definiciones e ideas fundamentales y muy generales sobre el tema. Posteriormente, sobre todo después de la década de los 90, algunas de sus investigaciones e hipótesis han ido concretándose, para así poder desarrollar planteamientos más detallados y delimitados.

Evidentemente, dado que el concepto de *motivación intrínseca* era la columna vertebral de su teoría, tuvo un rol especialmente relevante en los estudios y publicaciones de aquella época (8). Para ellos era especialmente importante demostrar y resaltar que la motivación realmente valiosa era ésta, la *intrínseca*, que podía considerarse como la más auténtica y poderosa. La que surgiría en cada uno de nosotros como consecuencia de una energía interna e innata hacia cierta actividad u objetivo. Es decir, que como su nombre indica, no estaría impulsada por elementos o facilitadores externos, sino que surgiría de nuestro interior, brotando de la esencia de nuestra personalidad, de los deseos más sinceros y verdaderos de cada uno de nosotros. Y como contraposición a este tipo de motivación, planteaban también la existencia de la *motivación extrínseca*, que era aquella que podría lograrse mediante elementos externos, como incentivos, obligaciones o presiones.

Para distinguir ambos tipos de motivación, además de su origen (la primera surge espontáneamente y por deseo propio, la segunda es consecuencia de ciertas razones o circunstancias) sus autores proponían utilizar como pista o referencia los sentimientos y percepciones que impulsan a llevar a cabo un comportamiento concreto. Si hacemos algo por gusto o porque nos divierte, diríamos que nos ha guiado la motivación intrínseca (por ejemplo, *"estudio medicina porque me encanta la salud y ayudar a las personas"*). Sin embargo, si lo hacemos porque no nos queda más remedio o porque consideramos que es lo que debemos hacer, probablemente será la motivación extrínseca la dominante (*"estudio medicina porque soy buen estudiante y como me tengo que ganar la vida, me parece una buena opción*").

Durante los últimos años ha sido en este ámbito donde también ha ido madurando la teoría de la autodeterminación. Aunque en sus primeros trabajos solo se distinguía entre motivación intrínseca y extrínseca, posteriormente se incorporó la posibilidad de definir diferentes grados y tipos de motivación. Para ello se diseñó un sencillo modelo, en el que por un lado estaba la intrínseca, que seguiría siendo "la buena", la más deseable y auténtica, y por otro la extrínseca. Y entre ambos extremos habría diferentes fases que formarían lo que llamaron *"continuum de motivación"*, y lo representaron mediante la siguiente figura:

	Motivación Extrínseca				Motivación Intrínseca
Regulación	Externa	Introyectada	identificada	Integrada	Intrínseca
Causalidad	Externa	Algo externa	Algo interna	Interna	Interna

Autodeterminación ➤

Esquema *continuum* motivación

Como puede observar, la idea era transmitir que había diferentes grados de motivación y que entre todos formaban una especie de secuencia progresiva. A cada uno de estos grados de motivación le pusieron un nombre, *externa, introyectada, identificada* e *integrada* y en la medida en la que ésta estuviese regulada por factores más interiorizados (por ejemplo, porque las normas u obligaciones se van asumiendo, aceptando o incluso se van considerando como propias), más cercana estaría a la intrínseca. (9).

¿Y qué diferencias hay en la práctica entre cada tipo de motivación? La clave, como ya he dicho, estaría en la tipología de los elementos externos que la impulsan y regulan y su grado de interiorización. Cuando la regulación es por elementos puramente externos, hablaríamos de motivación extrínseca. Si las razones están relacionadas con nuestra imagen o lo que deseamos que otros piensen de nosotros, podríamos hablar de regulación introyectada. Si, en cambio, se trata de un instrumento intermedio elegido para conseguir otra cosa que realmente se desea, entraría en el rango de regulación identificada. Y si es algo que permite ser lo que se tiene previsto y llegar a la vida que se anhela, hablaríamos de regulación integrada.

Para que entienda mejor este pequeño galimatías, estos podrían ser unos ejemplos de los diferentes tipos de motivación en lo que respecta al estudio y aprendizaje de un idioma:

– Regulación externa: "Lo estudio porque me lo exigen".

– Regulación introyectada: "Lo estudio porque es lo que se supone que estudian profesionales como yo".

– Regulación identificada: "He decidido estudiarlo porque espero que me sirva para progresar en mi trabajo"

– Regulación integrada: "He decidido estudiarlo porque creo que me aportará mucho en mi vida y mi trabajo"

– Motivación intrínseca: "Lo estudio porque me gusta y disfruto".

Pero sigamos avanzando: como podría ser esperable, la macroteoría de la autodeterminación ha ido enriqueciéndose en otros aspectos, lo cual ha permitido concretar con más detalle su estructura y componentes.

En lo que respecta a su segundo pilar, la *autonomía*, también se observa cierta evolución y la matización de algunos de sus enfoques. De hecho, si consultamos las investigaciones originales de Deci y Ryan, así como las de otros autores que han trabajado en este área, podemos comprobar que aunque en un principio se centraban sobre todo en la libertad, la libre elección y la volición, posteriormente fueron integrando ideas de otro concepto muy conocido y estudiado en psicología, la *autorregulación*, cuya estrecha relación con la motivación ha quedado acreditada mediante estudios (10). Los expertos recurren a este término al referirse a los "*procesos involucrados en lograr y mantener* (es decir, regular) *metas, donde las metas representan estados deseados internamente*". Desde el punto de vista del individuo, al hablar de autorregulación se considera que "*los individuos por sí mismos establecen metas, comparan su progreso contra las metas y hacen modificaciones a sus comportamientos o cogniciones*".

En la práctica todo esto supone crear un contexto en el que la persona siente que decide por sí misma y que tiene los recursos y la capacidad suficiente para poder gestionar de forma autónoma todas las cuestiones importantes.

Como imaginará, estos planteamientos son muy útiles en campos como el aprendizaje, la educación o los tratamientos médicos, por razones evidentes: ayudan a que las personas sean capaces de decidir sobre su futuro y sobre sus avances, ponerse objetivos, hacer y ejecutar planes y, en definitiva, evolucionar y mejorar. En la medida en la que la persona esté más capacitada para abordar y resolver las cuestiones de esta secuencia, analizando los datos y las circunstancias, recopilando toda la información que sea necesaria, gestionando los recursos y tomando las decisiones correspondientes, más probabilidades habrá de que se sienta autónoma y, en consecuencia, motivada.

> *Tener autonomía significa percibir que se tiene capacidad para decidir y posibilidad de autorregularse, es decir, gestionar lo siguiente:*
>
> *1. Establecer metas u objetivos*
>
> *2. Planificar y ejecutar acciones*
>
> *3. Medir y evaluar el progreso*
>
> *4. Hacer cambios y volver a empezar.*

Por ejemplo, en el caso de un tratamiento médico, se trata de que el paciente conozca bien la realidad de su patología, los indicadores que la evalúan y los posibles tratamientos, así como los posibles efectos de cada uno de estos tratamientos. De esa forma, es capaz de monitorizar continuamente su estado, analizar los resultados y tomar las decisiones oportunas respecto a las acciones que debe tomar para no poner en peligro su salud (tomar medicación, cambiar comportamientos, acudir al especialista…). Si alguien es capaz de gestionar todo esto, es más probable que lo haga por voluntad propia y que no necesite ningún vigilante que tenga que estar recordándoselo continuamente. Lo cual no significa que no necesite apoyo de otras personas, al contrario, un apoyo que debería estar orientado hacia la consecución del grado adecuado de *autonomía*, ya que este enfoque también tiene sus riesgos. Un "exceso" de motivación podría impulsar al paciente a automedicarse o a tomar decisiones que excedan a sus conocimientos, incluso contradictorias con las de su médico.

El enorme poder movilizador de la *autonomía* a la hora de aportar motivación se ha demostrado en numerosas ocasiones y en situaciones muy familiares. La mayor parte de las personas que consiguen abandonar el consumo de drogas lo suele hacer por su cuenta (aunque normalmente tras varios intentos). Por ejemplo, el abandono del tabaquismo con frecuencia se hace por autoconvencimiento y siguiendo métodos o protocolos seleccionados de forma autónoma y en base a la experiencia acumulada (11). Análogamente, casi la mitad de las personas que mantienen pérdidas de peso importantes a largo plazo – algo que parece estar reservado por el momento a un porcentaje pequeño de todos los que lo intentan – lo logran por sus propios medios e iniciativas, sin involucrarse formalmente en programas o intervenciones específicas con el apoyo de profesionales (12). En el ámbito de la psicología, recientes investigaciones concluyen que la eficacia de algunos tratamientos de psicoterapia diseñados para que el paciente los siga de forma autónoma pueden ser tan eficaces como otros en el que se incluya el apoyo de un terapeuta (13).

Insisto en que esto no significa que sea mejor que las personas hagan las cosas solas y sin ayuda, sino que el hecho de sentirse autónomos y capaces de gestionar su situación les motiva poderosamente. Algo que debe tenerse en cuenta a la hora de abordar este tipo de procesos.

Pero la *autonomía* no solo se soporta en la autorregulación. No es suficiente con generar unas condiciones adecuadas para que una persona pueda autogestionarse. Hay otro ingrediente, íntimamente relacionado, que Deci y Ryan incluyeron en su teoría y que también va a formar parte del elenco de protagonistas de este libro. Me refiero a la *competencia*. Es decir, el dominio, el talento, la maestría, el saber hacer. O sus sinónimos habilidad, capacidad y destreza. Si la *autonomía* se refería sobre todo al *querer* y al *poder hacer*, la *competencia* se refiere al *saber hacer*.

Conviene aclarar que en las primeras versiones de su teoría de la autodeterminación los psicólogos norteamericanos consideraron la *competencia* como un elemento más a tener en cuenta dentro de la *autonomía,* pero posteriormente decidieron darle un estatus de necesidad psicológica independiente.

Podríamos definir formalmente la *competencia* de la siguiente manera:

"Conjunto de capacidades y habilidades necesarias para conseguir cierto grado de efectividad, suficiencia o éxito" (14).

Detrás de la necesidad de *competencia* probablemente esté un instinto innato del ser humano por mejorar y de sentirse único por ello. Esta predisposición a hacer las cosas cada vez mejor forma parte de las necesidades básicas psicológicas y es un ingrediente esencial para la consecución de la felicidad. Un trabajo bien hecho y unas tareas resueltas satisfactoriamente dan lugar a un sentimiento de orgullo y bienestar, posiblemente por la sensación de "ser especial" que nos aportan los logros excepcionales. Sin embargo, cuando no llegamos a logros significativos, especialmente cuando no se cumplen nuestras expectativas, sentimos vergüenza y frustración (15). La *competencia* siempre está asociada a saber hacer cosas y poder conseguir objetivos haciéndolas, el concepto de "logro" está inherentemente unido a su definición. Aunque la forma de evaluación de una competencia puede ser muy variada y compleja, casi siempre tiene en cuenta sobre todo los logros, es decir, la consecución de objetivos.

Además, los estudios han mostrado que la *competencia* se asocia más poderosamente a la motivación cuando se orienta a la mejora y perfeccionamiento. Por ello, cuando un proceso de cambio o aprendizaje está focalizado en la prohibición o en la necesidad de dejar de hacer ciertas cosas, resulta menos placentero y positivo que cuando se fundamenta en el proceso inverso, dirigido a adquirir y mejorar nuevas habilidades y perseguir y conseguir metas concretas (16). Por ejemplo, es mucho más motivador aprender a conocer, preparar y comer alimentos saludables que lo contrario, a dejar de adquirir y consumir alimentos poco saludables.

El desarrollo de la *competencia* orientado al enriquecimiento y el perfeccionamiento tiene otra característica especialmente interesante: se relaciona de forma lineal y directa con la satisfacción. Esto significa que cuanto mayor sea la *competencia* percibida, mejor hagamos las cosas, más se aprenda sobre algo y más se domine, mayor será también la satisfacción y el sentimiento de disfrute, con el consiguiente efecto beneficioso para la motivación (17). Vamos, que no hay límites. A mayor talento, más posibilidades de motivación.

¿Recuerda a José Manuel *Patelo*, el jubilado gallego que fabrica maravillosas miniaturas de motores de barco? Su caso es un buen ejemplo de hasta dónde puede llegar la *competencia* como factor de motivación. En ese caso puede considerarse de un nivel extraordinario, de un grado de excelencia muy elevado, ya que Patelo proyecta su obsesión por la perfección en cada motor, en cada pieza que elabora, en cada proceso de montaje. Y cada nuevo proyecto supera al anterior en complejidad, precisión y belleza. Sin ninguna duda, el percibir cómo sigue progresando y el saber que es de las pocas personas en el mundo capaces de hacer lo que él hace, son factores de motivación fundamentales para que se pase gran parte de su vida en su taller.

El tercer pilar

Tras unos años investigando y escribiendo mayoritariamente sobre motivación intrínseca, *autonomía* y *competencia* , Deci y Ryan finalmente tuvieron que hacer una aportación más a su teoría. Una necesidad psicológica universal más, una contribución que cerraría su propuesta en su nivel más genérico (al menos hasta el momento de escribir estas líneas) y que nos recuerda que el ser humano es un ser mayormente social. Se trata de la perspectiva de las interacciones interpersonales, nuestra necesidad de estar con otras personas y compartir la vida y las experiencias con otros. Deci y Ryan lo sintetizaron con el término *"relaciones"*, y se convirtió en el tercer pilar de la teoría de la autodeterminación.

Desde el punto de vista evolutivo, las ventajas del comportamiento cooperativo y grupal son bastantes evidentes: permiten aunar fuerzas, compartir recursos, ayudarse mutuamente y repartir tareas. También se favorece la posibilidad de reproducción y aumenta la protección paternal en la etapa de la infancia (19).

El resultado es que no podemos evitar el sentirnos interconectados con otros, lo necesitamos profundamente, por lo que gran parte de nuestra existencia se orienta hacia esa dirección. Muchas de las cosas que hacemos realmente buscan materializar *relaciones*, interactuar con otras personas y cuando lo conseguimos nos aporta bienestar (20).

Según los expertos, detrás de esta necesidad sobre todo estaría el sentimiento de pertenencia, es decir, el deseo de ser miembro de algún grupo o colectivo, la necesidad de percibir que somos amados y cuidados y también, por nuestra parte, de tener la oportunidad de poder amar y cuidar a otros sujetos. Es un instinto tan poderoso que algunas personas se resisten a romper incluso relaciones perjudiciales y muy dañinas por el miedo a la soledad y a dejar de sentirse parte de un grupo.

Como anécdota, quizás le sorprenda saber que solemos mantener un número bastante estable de sujetos con los que nos relacionamos más íntimamente. Y que sumando ambos colectivos, los más íntimos y los más superficiales, se calcula que una persona puede mantener con bastante soltura entre 100 y 200 relaciones; un número que podría ser útil a la hora de diseñar esquemas organizativos globales, como por ejemplo en las empresas (21). ¿Le parecen muchos? No lo crea, si enumera todas y cada una de las personas con las que suele tener algún tipo de contacto más o menos regular, es probable que la cifra sea de ese orden. Pero conviene saber que estas aproximaciones se hicieron sin tener demasiado en cuenta las nuevas formas de relación que han llegado de la mano de las redes sociales, por lo que si su actividad es en este contexto digital es elevada, puede que ese número sea aún mayor.

Las sombras de la teoría de la autodeterminación

Si llegados a este punto se encuentra un poco perdido entre tantas reflexiones en torno a la teoría de la autodeterminación, le recuerdo cuáles serían sus dos planteamientos fundamentales:

1. Una orientación hacia la motivación intrínseca, que sería el *final* de un continuum de motivación (que comenzaría con la motivación por factores externos). Podría representarse con la figura vista anteriormente:

	Motivación Extrínseca				Motivación Intrínseca
Regulación	Externa	Introyectada	identificada	Integrada	Intrínseca
Causalidad	Externa	Algo externa	Algo interna	Interna	Interna

Esquema *continuum* motivación

2. Tres factores fundamentales que influirían en la consecución de la motivación intrínseca: la *autonomía*, la *competencia* y las *relaciones*. Que podrían representarse de la siguiente forma:

¿Y qué hay respecto a la solidez y rigor de todo ello? ¿Se han confirmado todas estas ideas mediante pruebas y estudios?

Lo cierto es que, a diferencia de otras teorías del comportamiento humano, que poco a poco se olvidan o se suelen ver desplazadas por ideas nuevas, ésta se ha ido consolidando entre científicos y profesionales, dando lugar a un número creciente de publicaciones e investigaciones. Aunque, para ser honestos, también en este caso la evidencia rigurosa ha tardado bastante en llegar. Hemos tenido que esperar unas cuantas décadas para poder ver a los expertos diseñando y abordando revisiones sistemáticas con los estudios más relevantes, dirigidas a llegar a unas conclusiones globales sobre toda la teoría. Poco a poco han ido publicándose en revistas especializadas, en función del ámbito de aplicación estudiado, como por ejemplo el ejercicio (22), la educación, (23), la salud (24) o el trabajo (25), entre otros.

En general, podría decirse que los estudios confirman con bastante solidez los aspectos fundamentales de la teoría de la autodeterminación: el desarrollo de la *autonomía* y la *competencia* y el fomento de las *relaciones* son enfoques eficaces para potenciar la motivación. Sin embargo, estas revisiones sistemáticas, junto con otros estudios concretos que han revisado todas estas ideas, también ponen sobre la mesa la falta de evidencia para algunas cuestiones que también son importantes (26).

En primer lugar, desde el punto de vista de la cantidad y calidad de la evidencia, las mayores carencias se encuentran en la tipología de los estudios utilizados. Normalmente se trata de trabajos de investigación observacionales, en los que no se realizan intervenciones ni cambios, únicamente se analizan relaciones entre diferentes variables, así que no se puede inferir automáticamente causalidad directa basándose en sus resultados. La escasez de intervenciones bien diseñadas y controladas no es algo exclusivo de la teoría de la autodeterminación, realmente es una de las principales dificultades del estudio del comportamiento humano, dadas las dificultades y coste que suponen abordar este tipo de procesos, sobre todo en entornos complejos como en colectivos de enfermos, empresas o centros educativos. Esta situación implica que es necesaria más investigación respecto a cómo llevar a la práctica las ideas teóricas que puedan proponerse, para seguir desarrollando herramientas y metodologías contrastadas y para que la utilidad de todos estos enfoques no se vea limitada ni sea susceptible de dar lugar a errores de implementación importantes.

En segundo lugar, respecto a los planteamientos globales de la teoría, hay otros temas que parecen requerir de más investigación. Por ejemplo, la división en cuatro fases del *continuum* relacionado con la motivación extrínseca, en función de sus mecanismos de regulación (externa, introyectada, identificada e integrada) no parece haber sido confirmada en estudios rigurosos. El concepto de motivación y la existencia de elementos externos para la motivación, así como la idea de un continuum no suelen presentar demasiado debate entre los expertos, pero no hay pruebas de peso de los estados intermedios y las "fronteras" propuestas por Deci y Ryan. Incluso hay autores que creen que la clasificación de la motivación como "interna" y "externa" no es algo que haya sido formal y rigurosamente contrastado.

Y en tercer lugar, parece que hay otras variables que también son susceptibles de actuar sobre la motivación (y la desmotivación) y que la teoría de la autodeterminación no contempla. Hay actividades y deseos psicológicos que aparecen de forma recurrente en otros estudios y que no encajan demasiado bien en sus planteamientos. Elementos que quizás sean consecuencia de otras predisposiciones evolutivas o influencias culturales recibidas durante nuestra vida, que pueden llegar a ser capaces de movilizar de forma muy poderosa. Otros deseos básicos que también son capaces de alimentar nuestra motivación.

Es en este tercer punto donde podemos retomar los planteamientos que hemos visto en páginas anteriores, como la propuesta de los 16 deseos básicos de Steven Reiss. Y analizar si podemos completar la teoría de la autodeterminación y crear un modelo más completo y global, que nos permita entender mejor la motivación humana.

Integrando deseos y necesidades

Si vuelve a leer las dos teorías que hemos elegido para explicar la motivación en base a deseos necesidades, la teoría de la autodeterminación y la de los 16 deseos básicos, podrá comprobar que tienen bastantes puntos en común y muchas posibilidades de ser complementarias. Ambas consideran la motivación como algo que surge de nosotros, de nuestro *yo*. Y ambas plantean la existencia de una serie de deseos o necesidades que todos buscamos satisfacer como fin último. Una de ellas con un enfoque más universal y tan solo 3 necesidades (*autonomía, competencia y relaciones*) y la otra con una lista más amplia de 16 deseos. Viendo los criterios con los que se han elaborado y se han ido desarrollando, así como la evidencia que las soportan, ambas tienen una elevada probabilidad de ser constructos bastante acertados. Pero como ya he mencionado, también las dos tienen algunos puntos muertos.

La elección de estas dos teorías para explicar la motivación no ha sido por azar, ni mucho menos. Su rigor y evidencia ha sido un factor importante, pero su complementariedad también. Porque lo cierto es que las carencias de una puede enriquecerlas la otra, y viceversa.

Como hemos visto, la teoría de la autodeterminación no incluye algunas necesidades psicológicas o deseos que otros investigadores identifican con claridad. Y la teoría de los 16 deseos no da prioridad o preferencia a ninguno de ellos, ya que personaliza la combinación de algunos de estos deseos para cada persona y no considera que algunos de ellos puedan ser universales e importantes sin excepción. Si unimos ambos modelos, podremos disponer de lo mejor de cada una. Una lista bastante completa de deseos y necesidades y una clasificación y priorización de los mismos.

¿Y cómo vamos a llevar a cabo esta unión?

En primer lugar eliminaremos de la lista de 16 deseos el *contacto social*, ya que la necesidad psicológica de *relaciones* de la teoría de la autodeterminación incluye esos conceptos, con un desarrollo más completo y detallado. También quitaremos el deseo *independencia*, ya que puede considerarse una versión simplificada de la *autonomía*.

En segundo lugar formalizaremos los términos "necesidades" y "deseos básicos", para unificar el vocabulario de una vez por todas.

Y en tercer lugar podemos relacionar las necesidades y deseos. Para ello crearemos una "nueva" necesidad que llamaremos "*interés*", que realmente será la que recopile los 14 deseos básicos, ya que ese conjunto de deseos son los que nos impulsan a tener una atracción innata e interés por ciertas actividades. Este necesidad se sumará a las otras tres, la *autonomía,* la *competencia* y las *relaciones*.

Quizás toda esta combinación de ideas le resulte un poco confusa, así que podemos intentar representarla gráficamente, para visualizarla mejor:

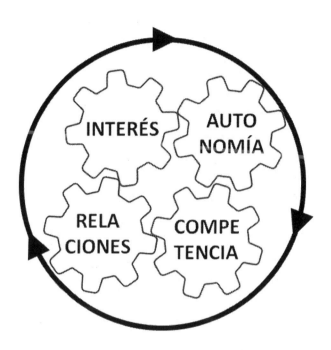

Como puede observar, de nuevo tiene forma de ciclo. Y sobra decir que las cuatro necesidades no son entidades aisladas y claramente delimitadas, tienen solapamientos e interacciones, ya que como ya he repetido en varias ocasiones, la psicología humana no se describe mediante matemáticas y estamos hablando de constructos o modelos orientativos. Y podríamos definirlas de la siguiente forma:

Autonomía: *Ser capaces de establecer metas, ejecutar acciones, comparar nuestro progreso y hacer modificaciones para la consecución de las metas.*

Competencia: *Capacidades y habilidades que nos permiten conseguir efectividad, suficiencia y éxito.*

Interés: *Combinación de algunos de los siguientes 14 ciertos deseos básicos por cuya satisfacción nos sentimos especialmente interesados.*

Móvil	Nombre
1.Deseo de tener relaciones sexuales	Romance
2.Deseo de comer	Comida
3.Deseo de criar hijos	Familia
4.Deseo de hacer ejercicio	Actividad física
5.Deseo de reducir ansiedad y miedo	Tranquilidad
6.Deseo de recopilar y acumular	Ahorro
7.Deseo de organización	Orden
8.Deseo de aprobación	Aprobación
9.Deseo de seguir códigos éticos	Honor
10.Deseo de conocimiento	Curiosidad
11.Deseo de ganar	Ganar
12.Deseo de influir	Poder
13.Deseo de posición social	Estatus
14.Deseo de mejorar la sociedad	Idealismo

Relaciones: *Pertenecer a un grupo en el que cuidar a otras personas y sentir que somos cuidados.*

¿Y cómo encajaría este nuevo ciclo con el que hemos definido en el capítulo anterior? Muy sencillo, los deseos y necesidades serían los "elementos" o "mecanismos" que son capaces de poner en marcha el ciclo de motivación, en sus tres pasos, generándonos deseo (a veces reforzado por señales externas), haciéndonos decidir y ejecutar comportamientos y dándonos una recompensa cuando los satisfacemos.

Si añadimos también estos conceptos, podríamos hacer una representación con la siguiente forma:

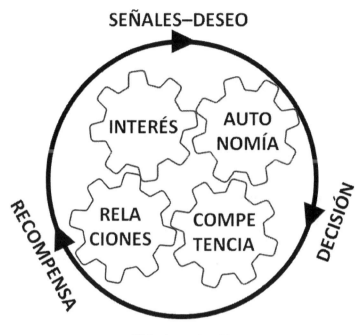

Ciclo de motivación

Puede considerar que en estas últimas páginas están sintetizadas las claves de la motivación humana basada en deseos y necesidades. Todas estas ideas sirven para explicar las razones que nos mueven, la gasolina que alimenta nuestro motor de la motivación.

Pero es importante que tenga claro algo. Realmente nadie sabe cuál es la receta mágica o infalible para encender la chispa de la motivación en cada persona individual. Todavía no entendemos exactamente por qué las personas en un instante preciso deseamos y decidimos hacer algo en concreto. Ese momento mágico sigue siendo un secreto bien guardado por nuestro cerebro y es un apasionante reto para las ciencias relacionadas con la neurología, la psiquiatría y la psicología.

Sin embargo, estas disciplinas han conseguido mostrarnos como podemos optimizar o modificar un contexto o situación para aumentar las probabilidades de que la motivación haga acto de presencia y las personas podamos sentirnos motivadas. Podríamos decir que todavía no tenemos la llave maestra, pero que ya sabemos llamar a la puerta.

Y de vez en cuando ésta se abre.

Referencias:

(1)

Handbook of educational psychology- Theories and principles of motivation. (1996).

(2)

A Theory of Human Motivation. (1943)

(3)

Toward a comprehensive taxonomy of human motives (2017)

A Hierarchical Taxonomy of Human Goals

(4)

An introduction to social psychology (1908)

Explorations in personality: A clinical and experimental study of fifty men of college age. (1938)

(5)

Multifaceted nature of intrinsic motivation. (2005).

Toward a comprehensive assessment of fundamental motivation. (1998)

Comprehensive assessment of children's psychological needs: Development of the child Reiss Motivation Profile for ages four to eleven (2017)

(6)

Who am I? The 16 basic desires that motivate our actions and define our personalities (2000)

The normal personality (2009)

(7)

Intrinsic Motivation and Self-Determination in Human Behavior (1985)

The human side of enterprise (1960)

Integrating the individual and the organization. (1964)

The human organization. (1967)

Every employee a manager (1970)

Impact of employee participation in the development of pay incentive plans: A field experiment (1969)

81

Participative decision making: A model, literature critique, and prescriptions for research. (1968)

Theory Z (1981)

(8)

Intrinsic and Extrinsic Motivations: Classic Definitions and New Directions (1999)

Self-Determination Theory and the Facilitation of Intrinsic Motivation, Social Development, and Well-Being (2000)

(9)

The "What" and "Why" of Goal Pursuits: Human Needs and the Self-Determination of Behavior (2000)

(10)

Self-Regulation at Work. (2010).

A functional-design approach to motivation and self-regulation: The dynamics of personality systems and interactions (2000)

Self-Regulation of Motivation and Action Through Goal Systems (1988)

Self-Efficacy And Work-Related Performance: A Meta-Analysis (1998)

Investigating Self-Regulation and Motivation: Historical Background, Methodological Developments, and Future Prospects (2008)

The Relationship Between Self-Regulation, Motivation And Performance At Secondary School Students (2015)

Effective Strategies for Self-regulated Learning: A Meta-Analysis (2013)

(11)

Inside Rehab: The Surprising Truth About Addiction Treatment--and How to Get Help That Works (2013)

(12)

The National Weight Control Registry, research findings (2017)

(13)

Understanding the Therapist Contribution to Psychotherapy Outcome: A Meta-Analytic Approach (2017)

(14)

Competence and motivation: Competence as the core of achievemente motivation (2005)

(15)

Differences in Shame and Pride as a Function of Children's Gender and Task Difficulty (1997)

What makes for a good day? Competence and autonomy in the day and in the person (1997)

(16)

A 2*2 Achievement goal framework (2001)

(17)

The Importance of Challenge for the Enjoyment of Intrinsically   motivated, Goal-Directed Activities (2012)

(19)

The need to belong: desire for interpersonal attachments as a fundamental human motivation (1995)

(20)

Communal Motivation and Well-Being in Interpersonal Relationships: An Integrative Review and Meta-Analysis (2017)

(21)

Neocortex size as a constraint on group size in primates (1992)

(22)

Exercise, physical activity, and self-determination theory- A systematic review (2012).

Self-determined motivation and physical activity in children and adolescents: A systematic review and meta-analysis (2014).

(23)

How to encourage intrinsic motivation in the clinical teaching environment?: a systematic review from the self-determination theory (2015).

(24)

Self-Determination Theory Applied to Health Contexts-A Meta-Analysis. (2012).

Self-determination theory and motivational interviewing interventions for type 2 diabetes prevention and treatment: A systematic review (2017)

(25)

A Review of Self-Determination Theory's Basic Psychological Needs at Work. (2016).

(26)

Self determination in a work organization (1989)

Self-determined work motivation predicts job outcomes, but what predicts self-determined work motivation (2008).

Explaining the relationships between job characteristics, burnout, and engagement: The role of basic psychological need satisfaction (2008).

Myths of intrinsic motivation (2013).

Testing a Continuum Structure of Self-Determined Motivation: A Meta-Analysis (2017)

Evaluating existing and new validity evidence for the Academic Motivation Scale (2005)

Validación de la Escala de Motivación Educativa (EME) en Paraguay (2006)

Extrinsic and Intrinsic Motivation at 30- Unresolved Scientific Issues (2005).

CAPÍTULO 3

LA PERSPECTIVA DE LA MOTIVACIÓN

Hasta ahora nos hemos centrado en recopilar y sintetizar el conocimiento científico que existe sobre la motivación basada en deseos y necesidades, buscando su integración y fácil comprensión. El resultado de este trabajo se ha resumido en el ciclo de la motivación y unas cuantas definiciones.

La idea es que a partir de este momento trabajemos en la parte más práctica de todos estos conceptos, viendo cómo se pueden aplicar en la vida real y analizando cómo nos pueden ayudar a entender, prever y modificar nuestro comportamiento y el de las personas que nos rodean.

Lo cierto es que en la actualidad hay pocos estudios sobre intervenciones concretas y detalladas basadas en la motivación y en el ámbito de la salud que hayan demostrado ser especialmente eficaces. Como ya he mencionado, las investigaciones de este tipo son escasas, aunque viendo todo el soporte teórico acumulado, algunos expertos consideran que ya hay indicios suficientes para empezar a confiar y ser más proactivos (1). Cada vez hay más evidencias que nos impulsan a pensar que la de la motivación puede ser una perspectiva especialmente útil e interesante para buscar y proponer posibles soluciones en muchos ámbitos.

Pero para poder abordar esta labor creo que primero hay que dar un paso previo y familiarizarse con la perspectiva de la motivación. Aprender a entender la realidad, las situaciones, los problemas y sus posibles soluciones desde este punto de vista. Intentar entender el comportamiento humano en base a sus principios. Sin duda hay otros motores que también nos impulsan y movilizan, pero la motivación tiene un papel protagonista cuando tomamos decisiones y actuamos.

Así que, con objeto de integrarla en nuestra forma de entender el mundo que nos rodea, durante este capítulo primaremos la didáctica y los ejemplos y vamos a referirnos menos a los resultados de investigaciones y estudios científicos. Imaginaremos situaciones, casos, testimonios y circunstancias muy habituales en el día a día de cualquier persona y *jugaremos* a interpretarlos mediante los principios y el modelo sobre la motivación que hemos definido.

Así que le invito a dejar volar un poco su imaginación durante las siguientes páginas y a situarse en la perspectiva de la motivación.

Quizás vea cosas que antes ni siquiera sabía que existían.

Decisiones motivadas

Como hemos visto en el primer capítulo, mediante el ciclo de motivación podríamos explicar los mecanismos que "fabrican" cada una de nuestras decisiones individuales: señales internas o externas, segregación de neurotransmisores, sensación de deseo, ejecución de comportamientos y sensación de recompensa, todo ello movido por deseos básicos y necesidades. Incluso en nuestras rutinas más cotidianas podríamos aplicar esta lógica.

Para iniciar nuestra habituación a mirar desde la perspectiva de la motivación, podemos empezar aplicando todas estas ideas a algún ejemplo que incluya acciones y tomas de decisiones que nos son muy familiares. Imaginando cómo "trabajaría" este ciclo, incluyendo los dos planos del ciclo de motivación, las señales, el deseo y la recompensa por un lado y el *interés*, *autonomía, competencia* y *relaciones* por otro. Así que vamos a ello.

Supongamos que usted está de camino de su casa, un viernes tras una jornada de trabajo. Y que ese día nadie le espera ni tiene ninguna obligación a priori, así que debe decidir a lo que va a dedicar esa tarde, su tarde libre. Imagine también que es una circunstancia especial, ya que el resto del fin de semana, el sábado y el domingo, los tiene muy ocupados con varios compromisos programados. Además, para acotar las opciones y poder hacer un análisis sencillo, supondremos que las opciones posibles para esa tarde podrían ser cuatro:

1. Llegar a casa, ponerse cómodo y sentarse tranquilamente a ver una película.

2. Dejar el coche en el parking y dar una vuelta por el barrio, sabiendo que fácilmente encontrará a algún amigo o conocido con el que tomar algo.

3. Llegar a casa, ponerse ropa de deporte y salir a correr un buen rato.

4. Aprovechar para hacer unas compras en el supermercado.

Si se pone en situación y finalmente se inclina por alguna de las cuatro posibilidades, es posible que a la hora de explicar su decisión a un tercero sus razonamientos y criterios sean similares a los siguientes para cada caso:

1. Ha tenido una jornada dura y necesita descansar, así que selecciona ver la película, descartando las demás.

2. Como compensación a toda la semana de trabajo, el estar con los amigos tomando algo, divirtiéndose y pasando un buen rato es una opción magnífica.

3. Ya que el fin de semana viene ocupado y el viernes es el único hueco que tiene para hacer deporte – y como hay que cuidarse – se inclina por ponerse las zapatillas y salir a hacer *running*.

4. Conviene hacer acopio de comida y otros artículos del hogar para la semana siguiente, así que puede aprovechar el único hueco del fin de semana para pasarse por al supermercado.

Estos argumentos u otros muy similares se utilizan con mucha frecuencia para explicar, contextualizar y justificar muchos comportamientos. Y aunque pueden tener cierta utilidad, si los analiza detenidamente observará que todos ellos tienen un trasfondo moral, con ideas latentes relacionadas con supuestas responsabilidades. Parece como si las opciones tercera (deporte) o cuarta (compras) están del lado de "*hacer lo que se debe*", pero las dos primeras (película y amigos) del lado de "*hacer lo que apetece*". Y es posible que esta forma de pensar acabe desembocando en algún tipo de juicio, positivo o negativo, hacia las personas que se inclinen hacia uno u otro lado, casi siempre asociado a su fuerza de voluntad.

Pero como hemos visto, la fuerza de voluntad es una vara de medir prejuiciosa, así que vamos a intentar olvidarnos de todas estas reflexiones y vamos a intentar volver a hacerlas desde la perspectiva de la motivación. ¿Cómo podrían influir las necesidades y los deseos básicos en la selección de cada una de las opciones?

Si empezamos por el *interés*, es bastante obvio que el deseo básico de *tranquilidad* puede ser muy relevante para inclinarse por ver la película. Y el de *ejercicio* por la tercera, la de ir a correr un rato. Si hay hijos que pueden necesitar alimentos u otros bienes, el deseo de *familia* puede ser también poderoso para la cuarta opción.

En lo que respecta a la *autonomía*, si recuerda la definición de la motivación comprobará que solamente las dos primeras opciones, la de descansar y la de estar con amigos, podrían considerarse prácticamente exentas de condicionantes externos u obligaciones. Por lo tanto, dado que se fundamenta en la libertad de actuación y la volición, la elección de alguna de estas dos es posible que nos aporte mayor sensación de voluntad, de individualidad y autorregulación, algo que tiene mucho peso desde el punto de vista de la motivación. A no ser que ya tengamos planes muy interiorizados relacionados con entrenar cada cierto tiempo o nos apetezca algún capricho concreto del supermercado, en cuyo caso las dos últimas opciones pueden resultar también atractivas.

También es muy obvio que la opción que mejor cubrirá la necesidad de *relaciones* es la segunda, la de salir con amigos. Así que dependiendo de cómo se tenga de satisfecha esa necesidad (algo que sobre todo dependerá de las veces que se haya cubierto durante ese mismo día o durante los días inmediatamente anteriores), su influencia podrá ser de diferente intensidad. Si se ha tenido un día de trabajo solitario y con poca interactuación social, es más probable que apetezca compartir un rato con otras personas. Pero si la jornada laboral ha sido socialmente intensa y positiva, tal vez predominen otras necesidades o deseos.

¿Qué le parece? Puede sonar parecido a los razonamientos anteriores, pero el tono y los matices no son los mismos. Yo creo que esta visión de las cuatro opciones desde la perspectiva de la motivación parece menos prejuiciosa y más constructiva. Además, esta perspectiva nos permite orientarnos con más facilidad a intentar enriquecer las opciones, de forma que puedan dar respuesta a más necesidades y deseos.

Por ejemplo, se puede ver la película, salir a correr o hacer la compra en compañía, para satisfacer también la necesidad de *relaciones*. O planificar una cena especial y abundante tras hacer la compra en la cuarta opción, con los productos que se adquieran, para responder a la necesidad de *comida*. O tener pendiente la superación de una marca o la preparación para una competición, respondiendo a la necesidad de *competitividad* e influyendo a favor de la tercera.

Todas estas posibilidades van apareciendo en nuestro análisis a nivel de necesidades psicológicas, pero desde un punto de vista más "micro", el de las neuronas, también las decisiones y preferencias pueden verse influenciadas por señales externas que puedan poner en marcha la segregación de los neurotransmisores y la sensación de deseo correspondiente ante la previsión de una posible recompensa (debido a la satisfacción de cierta necesidad). Por ejemplo, un día agradable y soleado puede recordarnos el placer que solemos sentir al salir a correr al aire libre y animarnos a salir a hacerlo. Un cartel publicitario de comida rápida o de un buen restaurante puede activar nuestro interés por comprar y preparar una cena espectacular e impulsarnos al supermercado. Una llamada de un amigo optimista y dicharachero puede aumentar nuestras expectativas de satisfacción de la necesidad de *relaciones* gracias a una quedada por el barrio. Todas estas señales "activan" el ciclo de la motivación.

Evidentemente, la decisión que se tome en un momento dado y un día concreto dependerá de diversos factores y de lo que haya ocurrido el resto del día, así como de lo que esté previsto que ocurra los días posteriores, por lo que será poco predecible. Pero si esta situación se repitiera en muchas ocasiones y en condiciones similares, las necesidades y deseos particulares nos podrían ayudar a entender mejor por qué hay personas que seleccionarían mayoritariamente una opción sobre otra.

De cualquier forma, aunque este ejemplo concreto es solo un pequeño juego, este tipo de procesos deductivos realmente ocurren. Nuestro cerebro está trabajando siguiendo caminos similares, aunque no de forma consciente y explícita. Nuestras neuronas realizan una especie de evaluación automática de todo ello, sopesando la "fuerza" de diferentes necesidades y deseos y llegando a una conclusión, que se interpreta como "*lo que apetece*". Volviendo a utilizar la analogía musical, es como un proceso de combinación de *vibraciones y armonías* (generadas por las neuronas y sus interconexiones), que dan como resultado un *tono y sonido* concreto, que es el que dicta a la resolución final.

Interpretando la realidad desde la motivación

Tras este primer ejercicio en el que hemos mirado desde la perspectiva de la motivación para intentar entender una decisión que se toma un viernes por la tarde, es momento de ampliar el punto de vista. En lugar de centrarnos en una situación tan puntual, vamos a aplicar el mismo enfoque a la interpretación de conceptos y situaciones más genéricas, habituales y asociadas a ciertos comportamientos muy familiares.

Empecemos con uno de ellos: supongo que para usted será bastante familiar el término *"resistencia al cambio"*, ¿verdad? Se refiere a las dificultades que solemos poner las personas para cambiar nuestros comportamientos, hábitos o actividades. De hecho, es una de las razones por las que me he decidido a escribir este libro, para intentar combatirla. No hay contexto en el que no se mencione este fenómeno: organización empresarial, gestión de la salud, innovación, rehabilitación social... Todos presentamos cierta resistencia al cambio.

Normalmente su interpretación suele ir acompañada de mitos y razonamientos poco rigurosos y simplificadores, tendiendo a achacarlo de nuevo a la naturaleza perezosa y poco virtuosa del ser humano. Afortunadamente, también hay teorías y aproximaciones más serias y del ámbito de la psicología que buscan las razones de esta actitud (2): el miedo a lo desconocido, la existencia de una "zona de confort", la falta de perspectiva de posibles beneficios o razones reales para el cambio, la necesidad de agentes "tractores" o que lideren el proceso... Seguramente cada una de ellas aporta una buena cantidad de explicaciones válidas a la realidad de la resistencia al cambio. Pero la perspectiva de la motivación también ofrece hipótesis y argumentos realmente interesantes. De hecho, incluso podríamos redefinir la "*resistencia al cambio*" como "*falta de motivación por el cambio*". Y llegar a la conclusión de que la falta de satisfacción de las cuatro necesidades puede estar en el núcleo del problema.

Empecemos por el *interés* y los deseos básicos. Dado que éstos se encuentran programados en lo más profundo de nuestra naturaleza, todo cambio que no asociemos a estos deseos básicos tiene probabilidades de no resultar especialmente atractivo. Es decir, consciente o inconscientemente estamos valorando el fin último de dicho cambio y lo que nos puede aportar, y decidiendo en consecuencia. Si el cambio y los deseos están alineados, aparecerá el afán por cambiar. En caso contrario, si intuimos que nuestros deseos no se van a ver beneficiados, la motivación por cambiar brillará por su ausencia. Sin posibilidad cercana de cumplimiento de deseos, el cambio no es atractivo.

Un ascenso en el trabajo resultará más motivador a quien tenga los deseos de *estatus* o *poder* especialmente intensos, pero quizás bastante menos atractivo a quien priorice la *familia* o la *tranquilidad*, que quizás prefieran un puesto con más posibilidades de conciliación o menos responsabilidades.

El contexto en el que se sitúe la propuesta de cambio es así mismo importante, porque también puede influir en su capacidad para dar respuesta a ciertos deseos particulares. El empezar a hacer ejercicio, puede ser un buen ejemplo. Si el deseo básico de *ejercicio* no está entre nuestras prioridades, no nos sentiremos especialmente animados a llevar a cabo este cambio. Pero si la oferta de cambio incluye algún ingrediente añadido, como veremos con más detalle en el próximo capítulo, puede llegar a convertirse en un medio para la satisfacción de otros deseos, pudiéndose atenuar la posible resistencia al cambio: participar en un torneo o competición (*competitividad*), ejercer de capitán o entrenador (*poder*), jugar con un fin benéfico (*idealismo*), hacerlo en compañía de los hijos (*familia*), no sentirse rechazado (*aprobación*)… Evidentemente el convencimiento no será el mismo, pero todas estas variaciones pueden ayudar.

Desde el punto de vista de la *autonomía*, la aparición de la resistencia al cambio depende del origen externo o interno que haya impulsado o sugerido dicho cambio. Si el origen se percibe como externo, es decir, es sugerido por ciertos condicionantes, variables o personas, o incluso es obligatorio, simplemente está en contra de nuestra individualidad y nuestra necesidad de *autonomía*. En esas circunstancias, no sentimos que hemos decidido nosotros, sino que nos enfrentamos a algo ajeno a nuestra volición, que se nos impone y que posiblemente no podemos controlar. Nuestro instinto nos impulsará al rechazo, sin entrar a analizar los posibles beneficios o desventajas, o si es razonable o absurdo. Simplemente no lo hemos creado nosotros ni lo gestionamos y por eso a priori no nos gusta ni nos motiva.

Por lo tanto, si por alguna razón hay una necesidad imperiosa de hacer cambiar a alguien, pero también una clara resistencia por su parte debido a la percepción de falta de *autonomía*, es más inteligente y eficaz trabajar por aportarle la información y el contexto necesarios para que la persona llegue por sí misma a la necesidad de cambiar. En psicología, una herramienta muy utilizada en este sentido es la entrevista motivacional, un diálogo que se produce entre el terapeuta y el paciente para canalizar y dinamizar una autorreflexión mediante preguntas relacionadas con las razones del cambio, las preocupaciones y esperanzas y para concretar los objetivos y los posibles pasos a seguir. El papel del terapeuta en ningún momento es el de dirigir, persuadir o convencer, sino el de provocar la reflexión mediante preguntas pertinentes, similares a las siguientes si se habla de un posible cambio:

¿Por qué quiere cambiar? ¿Qué aspectos quiere cambiar? ¿Por qué no ha cambiado antes? ¿Qué barreras considera relevantes?¿Qué

ventajas y desventajas tiene el cambio? ¿Cómo se podría abordar?
¿Qué objetivos se pondría?

Prosigamos nuestro análisis: desde la perspectiva de la *competencia* la resistencia al cambio suele ser una defensa frente a la posible pérdida de talento y de degradación de las capacidades. Cuando llevamos cierto tiempo haciendo algo, solemos considerar que lo hacemos relativamente bien, que estamos especialmente entrenados para hacerlo eficazmente porque la experiencia nos ha permitido mejorar y dominar dicha actividad. Nos sentimos especialmente competentes y eso provoca cierto orgullo y motivación por seguir llevándolo a cabo. Sin embargo, un cambio suele conllevar el inicio de nuevas y diferentes actividades, que normalmente no dominamos, por lo que pasaremos de ser "talentosos" a "novatos". Una devaluación que va en contra de la satisfacción de la necesidad de *competencia*. Por lo tanto, si el cambio va a suponer una pérdida en este sentido, antes de abordarlo podría ser interesante empezar con suficiente antelación el desarrollo de competencias para la ejecución de las nuevas actividades. Si se consigue que la persona llegue a percibir que sus nuevas habilidades pueden ser buenas e incluso mejores que con actividades anteriores, la resistencia al cambio puede reducirse de forma significativa.

Para terminar, desde el punto de vista de las *relaciones* la resistencia al cambio se debe a la pérdida del sentimiento de pertenencia a un grupo. Cuando un cambio exige interactuar con personas poco conocidas o diferentes a las habituales, todavía no se habrá generado el clima de confianza y la seguridad psicológica que facilita el sentido de pertenencia a dicho grupo. Además, en esa nueva situación la persona afectada también puede prever que se produzca una reducción de las interacciones con las personas con las que ya había conseguido dicho clima de confianza. El resultado de todo ello es una clara falta de motivación por la nueva circunstancia. Y una vez más, para superar esta barrera puede utilizarse la previsión, por ejemplo planificando contactos interpersonales previos al proceso de cambio, formales o informales, que ayuden al conocimiento mutuo y a empezar a hacer cosas juntos. O asegurando que no se van a reducir las relaciones anteriores. Si todo marcha con normalidad, acabará encendiéndose la chispa de la motivación relacional.

En resumen, la resistencia al cambio se puede entender como la consecuencia de una reorientación hacia actividades poco alineadas con nuestros deseos básicos, que nos hace perder autonomía, que degrada nuestra competencia y que nos aleja del grupo de personas en el que nos sentimos integrados. Y visto desde esta perspectiva, en lugar de verlo como algo negativo creo que nos permite verlo como algo lógico y humano.

Objetivos y motivación

¿Qué le ha parecido hasta el momento? ¿Empieza a ver cómo estas teorías sobre la motivación son muy versátiles y nos pueden ayudar a explicar muchos de nuestros comportamientos?

Si aún no está demasiado convencido, le animo a que siga leyendo. Ahora vamos a hablar de otro concepto muy habitual en nuestras vidas y también muy relacionado con la motivación: los objetivos y las metas.

El ponerse algún tipo de objetivo es algo que realizamos continuamente. Quizás el contexto más obvio sea el del trabajo, en el que con frecuencia hay que alcanzar resultados concretos y cuantificados antes de un plazo establecido. Pero lo cierto es que solemos tener objetivos en casi cualquier ámbito: educación (dominar un tema, hablar un idioma, conseguir un título), carrera profesional (trabajar en una empresa, conseguir un puesto, llegar a cierto salario), familiar (tener pareja, tener hijos), entorno (elegir barrio, tipo y tamaño de vivienda), salud (peso corporal, otros indicadores médicos), ejercicio (frecuencia, cantidad, superar una marca), etc.

A las personas los objetivos nos sirven para materializar y explicitar el "producto final" que vamos a lograr mediante nuestras actividades. Son el resultado de nuestra avanzada capacidad de prever el futuro, que nos permite imaginar el desenlace final de tareas y procesos complejos. Y sin duda son elementos relevantes cuando se habla de la motivación, ya que nadie pone en duda su capacidad para movilizar a las personas. Los expertos han investigado a fondo en este campo y, de hecho, incluso existen teorías sobre la motivación cuyo núcleo fundamental se centra en la capacidad movilizadora de los objetivos y las metas (3). Nosotros, una vez más, vamos a mirar desde la perspectiva de las necesidades y deseos básicos y vamos a intentar analizar su capacidad de influencia desde este punto de vista.

Respecto a las cuatro necesidades del ciclo de motivación, podemos identificar con facilidad el rol de los objetivos en algunas de ellas (4). Tienen un gran protagonismo en la *autonomía*, ya que para sentirse autónomo – como veíamos en la definición de esta necesidad – es necesario tener capacidad para establecer objetivos. Y cuando digo "tener capacidad", me refiero a dos planos: el primero es el de la volición, el hecho de que sea una decisión propia, sin obligaciones externas. Una vez más, la libertad de decisión es fundamental para la motivación, así que si los objetivos nos los hemos puesto nosotros, serán mucho más motivadores. Y el segundo plano es el del conocimiento del fin o la razón última de lo que se hace. Lo que da sentido a las actividades y cierra el círculo, el deseo de conseguir "un producto" al final del proceso. Cuando las personas motivadas se lanzan a hacer algo quieren conseguir un resultado final.

Los trabajadores más motivados no solo quieren hacer bien su trabajo y finalizar los proyectos, también buscan mejorar la eficiencia y satisfacer cada vez más a sus clientes. Los aficionados al ciclismo más motivados no salen únicamente a pasar el día andando en bicicleta, buscan ser capaces de finalizar una ruta, de llegar a una cumbre, de superar una marca. Los estudiantes más motivados no buscan simplemente aprender, también quieren conseguir un título, superar cierto nivel, llegar a ser profesores. Los pacientes más motivados no solo quieren cuidar su salud, también desean mejorar sustancialmente ciertos indicadores.

Por lo tanto, una de las claves para que las personas se sientan identificadas y motivadas a luchar por la consecución de metas y objetivos es que dispongan de la información, el conocimiento y los mecanismos necesarios para poder fijar, medir y hacer seguimiento de los mismos de forma autónoma. Que en la práctica significa tener capacidad para visualizar el "producto final" y los pasos que hay que seguir para llegar a conseguirlo.

La necesidad de *competencia* también nos ayuda a explicar la efectividad motivadora de ciertos objetivos y está muy relacionad con todo lo que acabamos de ver. El cumplimiento de un objetivo – ya sea intermedio o final – puede activar la sensación de recompensa en forma de sentimiento de orgullo, ya que confirma la existencia de talento y capacidad. Algo que nos hace especiales y únicos. ¿Quién no se ha sentido profundamente satisfecho cuando da por bien finalizado un trabajo (es decir, da por cumplido un objetivo) al que ha dedicado gran cantidad de ilusión y esfuerzo? Cuanto más excepcionales sean las habilidades de una persona, es decir, cuanto mayor sea su competencia, mayores logros puede conseguir. Así que es razonable deducir que si el objetivo es especialmente ambicioso y retador y se alcanza, la sensación de recompensa también será importante.

Por otro lado, en el ámbito de las *relaciones* los objetivos pueden actuar como elemento cohesionador. Seguramente estará familiarizado con el resultado de trabajar en compañía de otros para superar una dificultad o conseguir una meta especialmente difícil. En esas circunstancias, cuando varias personas persiguen un mismo fin de forma colaborativa, tienen que ayudarse mutuamente y trabajar por converger ideas y esfuerzos, así que se pone en marcha el instinto de "cuidar y ser cuidado", se estrechan los lazos se refuerza el sentimiento de pertenencia a un grupo. Intente recordar situaciones en las que ha conseguido superar objetivos complicados junto con otras personas y comprobará en primera persona los sentimientos que afloran y el poder de motivación que puede tener.

Antes de finalizar con el análisis de los objetivos y la motivación, me gustaría hacer una anotación respecto a cómo deben ser los objetivos para maximizar su poder motivador. Es probable que usted esté familiarizado con el término "objetivos SMART", ya que es una idea muy extendida. Hace referencia a las iniciales de palabras que describirían las características "ideales" de los objetivos: Claros (*Specific*), medibles (*Measurable*), alcanzables (*Attainable*), importantes (*Relevant*) y temporales (*Time–related*). Dado que estas iniciales coinciden con la palabra inglesa *smart* (inteligente), esta caracterización de los objetivos se ha hecho muy popular. Los estudios que han investigado en este tema han llegado a conclusiones parecidas pero más pragmáticas (5). Leyendo las investigaciones relacionadas podríamos resumir con una lista similar aunque algo más sencilla las características de unos buenos objetivos:

1. *Ser retadores*. Ambiciosos pero alcanzables.

2. *Ser importantes*, que ayuden a dar sentido a los esfuerzos.

3. *Ser específicos y concretos*. Es preferible establecer "*hacerlo un 10% mejor*" que "*hacerlo lo mejor posible*".

4. *Ser monitorizables* para poder conocer su avance y poder evaluar y planificar el trabajo pendiente.

Como puede observar, estas reglas también están totalmente alineadas con las necesidades de la motivación. La primera, la de ser retadores, se refiere a la consecución de logros extraordinarios gracias a la elevada *competencia*. La segunda, la de su relevancia, está relacionada con la alineación entre los intereses personales y los deseos básicos y la naturaleza de la actividad y sus objetivos; para que alguien considere unos objetivos importantes debe entender que su consecución es coherente con lo que considera relevante. Y la tercera y la cuarta, la especificidad y la mensurabilidad, son requisitos para que los objetivos sean realmente útiles para la gestión, es decir, sirvan como herramientas para la *autonomía* y la autorregulación.

Por lo tanto, creo que queda bastante claro que la motivación también nos da muchas pistas para entender mejor cómo funcionan los objetivos y cuál podría ser la mejor forma de establecerlos en cada caso.

Reconocimiento y motivación

Otro concepto que podemos mirar desde la perspectiva de la motivación es el reconocimiento. Este concepto es habitual verlo asociado a todo tipo de situaciones en las que un grupo de personas colabora o persigue ciertos objetivos con otras personas. Cuando se revisa la literatura sobre el tema, se observa una importante heterogeneidad; el reconocimiento se suele mezclar con las contraprestaciones, las recompensas o los incentivos que se consiguen en función del rendimiento. Haciendo un ejercicio de selección e integración podríamos quedarnos con la siguiente definición (6):

"Actividad relacional mediante el uso del lenguaje que incluye expresiones de aprobación, agradecimiento e interés."

Es decir, que al hablar formalmente de "reconocimiento" sobre todo nos estaremos refiriendo al comentario elogioso, la palmadita en la espalda o la felicitación, y no a los premios o a las recompensas.

En el mundo laboral se suele destacar con mucha frecuencia en sentido negativo o para asociarlo a la desmotivación (*"no me siento reconocido"*). De hecho, en el ámbito del trabajo el reconocimiento se considera una de las variables fundamentales para el bienestar y la satisfacción de las personas trabajadoras (7).

Lo curioso es que, a pesar de su importancia, la sensibilidad hacia al reconocimiento, tanto respecto a su cantidad como a su forma, es muy variable. En empresas, grupos, equipos y colegios los responsables sufren verdaderos quebraderos de cabeza para encontrar la mejor forma de dar reconocimiento a trabajadores, colaboradores o estudiantes. Buscan la receta maravillosa que valga para todos y que ayude a fomentar la motivación. Reflexionan sobre si la mejor forma de darlo es en público o en privado, si debe estar asociado a algún tipo de contraprestación, o si otras personas se pueden ver afectadas negativamente, por percibir agravios comparativos.

Posiblemente esta dificultad se deba a que para entender el fenómeno es recomendable mirarlo desde la perspectiva de la motivación. El receptor del reconocimiento necesita satisfacer sus necesidades y deseos y por eso tal vez no hay dos personas que lo "digieran" de la misma forma.

Por ejemplo, desde el punto de vista del *interés*, el reconocimiento será muy valorado por quienes presentan un intenso deseo básico de *aprobación*, dado que para ellos resulta especialmente importante el recibir continuamente señales de aceptación. Es una forma de confirmarles que no existe riesgo de rechazo. Por otro lado, quizás también algunas personas puedan encontrar que satisface sus deseos básicos de *poder* o *estatus*. En este caso la recepción de un reconocimiento podría ser interpretada como una especie de adelanto de posibles beneficios o compensaciones futuras (ascensos), que contribuirán a la consecución de estos deseos.

Desde la perspectiva de la necesidad de *competencia*, el reconocimiento puede ser una forma de confirmarnos niveles excelentes en alguna habilidad o conocimiento. Cuando alguien nos felicita por un trabajo extraordinario, nos sentiremos orgullosos por esa capacidad que nos distingue y nos vuelve especiales, capaces de lograr resultados excepcionales.

Pero probablemente la necesidad en la que el reconocimiento está implícito y es aplicable de forma más generalizada (aunque quizás menos evidente) es la de *relaciones*. Cuando describíamos esta necesidad, hablábamos de la pertenencia a un grupo y de sentir que otras personas se preocupan por nosotros y nos cuidan. Pues bien, al recibir un reconocimiento la interpretación más inmediata es "*hay alguien que se interesa por mí y por mi trabajo y que me lo agradece*". El agradecimiento y el interés que se transmiten al hacerlo son medios relacionales con los que los seres humanos nos aceptamos mutuamente y nos preocupamos unos por otros.

Como puede observar, el reconocimiento realmente puede tener efectos diversos, en función de cómo se entienda o cómo impacte en los deseos y necesidades de cada persona. Una vez más, la motivación puede ser especialmente útil para ayudarnos a todas estas interpretaciones y nos permite reflexionar sobre cómo deberíamos ofrecerlo de forma más efectiva y personalizada. No se debería dar el mismo reconocimiento a quien requiere sentirse integrado en un grupo, a quien persigue resultados excepcionales o a quien busca un ascenso, porque sus necesidades son diferentes y sus expectativas también.

La historia de las personas depende de su motivación

El haber analizado desde la perspectiva de la motivación conceptos como la resistencia al cambio, las metas y objetivos y el reconocimiento, nos ha permitido comprobar que pueden estar íntimamente relacionados con la satisfacción de las cuatro necesidades. Seguro que puede haber otras perspectivas interesantes para analizarlos, pero espero que ésta le haya resultado especialmente útil e interesante.

Ahora vamos a dar un salto cualitativo para intentar llegar con nuestro ejercicio didáctico todavía más allá. Si la motivación nos ha ayudado a explicar decisiones puntuales y comportamientos generales de diversos tipos, ¿podría llegar a servirnos para entender mejor a las personas? ¿Podríamos comprender una vida completa, toda una biografía, mirándola desde la motivación?

Una vida puede ser algo muy complejo, sobre la que pueden actuar factores muy poderosos. No todo el mundo tiene la posibilidad de ser dueño de su propio destino. El azar, el entorno o las circunstancias pueden imponer su dictadura y sacudirnos violentamente, como una poderosa tormenta azota un barco. Pero si la tempestad amaina y las olas gigantescas y los vientos huracanados pasan a un segundo plano, dando posibilidad a que las necesidades psicológicas tomen cierto protagonismo ante las necesidades más fisiológicas o de supervivencia, la motivación nos puede aportar luz y claridad.

A continuación, siguiendo con nuestro objetivo de aprender, voy a presentarle de forma muy resumida la biografía de varias personas. Personas anónimas, normales, sencillas, personas que pueden ser como usted o como yo. Conoceremos muy brevemente las principales decisiones que tomaron, los caminos que eligieron y los logros que consiguieron o que nunca alcanzaron. Y después procederemos a intentar entenderlas desde la perspectiva de la motivación.

Empezaremos con Alejandro, un hombre que en el momento de escribir este relato podríamos situar en la mitad de su vida.

"Alejandro es el último hijo de una familia numerosa, el pequeño de cuatro hermanos, dos chicas y dos varones. Y como la diferencia de edad con sus hermanos y hermanas es significativa, su llegada a la familia tuvo una acogida calurosa. La noticia causo una alegría general y, sin atisbos de rivalidad, todos disfrutaron cuidándolo. Además sabía hacerse querer, ya que desde que nació destacó por un carácter tranquilo, obediente y cariñoso.

Según fue creciendo, Alejandro fue consolidando el carácter del que ya había dado muestras: amigable, sensible, con don de gentes. Su relación con los adultos era excelente y con otros niños no tenía ningún tipo de problema. En el colegio era apreciado por sus profesores y pasaba la mayor parte de su tiempo libre jugando con amigos, era la actividad que más le complacía, casi siempre asociada a la actividad física y los deportes.

Al llegar a la adolescencia, siguió mostrándose respetuoso, amable, organizado y responsable, así que pasó esta fase sin excesivos conflictos, cumpliendo en general con sus obligaciones y sin ser amigo de dar sorpresas desagradables. Ni a sus padres ni a sus profesores.

Sin embargo, cuando llegó a la juventud y los estudios comenzaron a exigirle cierto esfuerzo, sus resultados académicos se resintieron. Aunque anteriormente no había tenido problemas en los exámenes y a pesar de que tenía la fuerza de voluntad necesaria para apartarse de las tentaciones del tiempo libre y sentarse a estudiar durante horas en época de evaluaciones, cada vez le costaba más trabajo librarse de la sombra del fracaso. Su madre, seguramente con buena intención, le solía decir que quizás no se esforzaba lo suficiente o que tal vez no se "centraba" en el estudio. Aunque él pasara largas horas haciendo deberes o ante los libros, sin conseguir asimilar lo que los exámenes le exigían.

Más allá de los estudios, Alejandro seguía siendo un joven modélico. Responsable, comunicativo, deportista y muy apreciado por sus amigos y familia. No se metía en líos, gestionaba de forma responsable sus cosas y su habitación y siempre mantenía perfectamente informada a su madre, para que no se preocupara por él.

Finalmente, y tras varios intentos infructuosos por intentar seguir el ritmo de sus compañeros de clase, tuvo que repetir curso. Profundamente disgustado, decidió cambiar de instituto y abordar un "empezar de nuevo". Algo que en principio le afectó y le hizo pasar malos ratos. Nuevos amigos, nuevos profesores y nuevo contexto.

Sin embargo, visto en perspectiva, el cambio tuvo efectos que pueden considerarse positivos. Rápidamente hizo nuevos amigos, sus dificultades en el estudio se redujeron drásticamente y los dos años que le quedaban en el instituto los superó con relativa facilidad. La indefinición que le había acompañado durante los años anteriores respecto a su posible futuro como estudiante se despejó. Aunque no tenía vocaciones profesionales demasiado definidas, eligió una carrera para ejercer de profesor, que resolvió sin demasiados agobios. Incluso desplazándose para ello a otra ciudad, organizándose para compartir piso con nuevos amigos y compañeros.

En la actualidad Alejandro no ha formado familia y mientras no encuentre su pareja ideal prefiere seguir viviendo con amigos. Vive desahogadamente y sin ataduras, es un reconocido profesional, muy apreciado por sus alumnos, a los que trata con mucho respeto y cariño. También es muy querido por sus amistades, algunas de ellas mantenidas desde la infancia. Planifica detalladamente sus actividades y su día a día y mantiene su hogar cuidadosamente organizado, aunque sin llegar a obsesionarse con la limpieza y el orden. Es un gran conversador, divertido y se percibe su bienestar cuando está en compañía, lo cual no le impide también disfrutar de momentos de privacidad. Sigue practicando varios tipos de deporte con bastante frecuencia, y siempre lo hace con amigos".

Bien, como ha podido apreciar Alejandro es un hombre bastante modélico y poco controvertido. Pero vamos a mirarle desde la perspectiva de la motivación para intentar entender su vida y su evolución.

El carácter responsable y organizado de Alejandro es probable que sea consecuencia de cierta predominancia de los deseos básicos de *honor* y *orden* (aunque no parecen ser los de mayor intensidad). Es respetuoso con las normas, principios y reglamentos y siempre le gusta tener todas sus cosas organizadas, en su sitio y clasificadas.

Su afición por el deporte podría estar influenciada por cierta intensidad del deseo básico de practicar ejercicio, pero el hecho de que siempre lo haga en compañía nos indica que tal vez también sea un mecanismo para dar respuesta a su necesidad de *relaciones*. Su afabilidad, el mantenimiento de bastantes amistades durante muchos años y su decisión por vivir su juventud y madurez en compañía de otras personas también nos aporta indicios en este sentido, la destacada presencia de las *relaciones* entre sus prioridades. También su carrera de profesor nos indica que le gusta compartir cosas con otras personas, en este caso con niños. El hecho de explicar, enseñar y compartir posiblemente le resulte bastante motivador. Así que podemos deducir que esta necesidad podría ser uno de los principales elementos de motivación para Alejandro.

Respecto a la *autonomía*, el hecho de tener un carácter dócil y haber sido el menor de una familia numerosa, siempre muy arropado y protegido, es probable que no facilitara su desarrollo en este sentido durante su niñez. Alejandro hacía lo que se suponía que tenía que hacer, lo que todos esperaban que hiciera. Pero en cuanto tuvo la oportunidad de tomar distancia y tener más independencia (cuando cambió de instituto), rápidamente descubrió su libertad, la satisfacción de tomar sus propias decisiones importantes y gestionar su futuro. La elección de nuevos amigos, nuevos contextos, nuevas condiciones. La motivación por finalizar sus estudios secundarios se reforzó y el panorama respecto a sus estudios superiores se perfiló con claridad en su mente, algo que anteriormente no había ocurrido. Sin duda, el descubrimiento (y disfrute) de su *autonomía* fue también uno de los factores clave que motivó sus decisiones y motivaciones durante el periodo de su adolescencia y juventud.

En lo que respecta a la *competencia*, no tenemos prácticamente información sobre el tema. Quizás esta necesidad no la tiene especialmente satisfecha. Su práctica continua del ejercicio físico le convierte en un deportista muy versátil y con amplios conocimientos, lo cual quizás le permite, al menos en parte, cierta sensación de maestría. Como todos nosotros, tiene aptitudes para ser excelente en algo y conseguir resultados extraordinarios, pero tal vez todavía no ha dado con ello (todavía tiene tiempo, es relativamente joven). Es posible que en el futuro llegue a encontrar su "verdadera vocación", que le permita sobresalir de forma aún más destacada. Es posible que ocurra en el entorno de las *relaciones*, que parece ser una de las necesidades que más movilizan su motivación.

Bien, este podría ser una breve repaso a la vida de Alejandro desde la perspectiva de la motivación. ¿Qué le ha parecido? Es un ejercicio con evidentes carencias y simplificaciones, pero creo que puede servir para ayudarnos a entender cómo la motivación puede explicar acciones y decisiones que se toman a lo largo de la vida.

Ahora vamos a ver otro testimonio. Vamos a conocer la vida de Inmaculada, una mujer ya mayor y con una biografía más intensa.

"Inmaculada nació en la década de los cuarenta y, como gran parte de las niñas de su edad, acudió a un colegio religioso, estricto y con normas que hoy en día se considerarían extremadamente sexistas. No podía decirse que fuera especialmente conflictiva, pero no se le caían prendas en ir a contracorriente y responder a profesoras y monjas, sobre todo cuando consideraba que las directrices u órdenes no eran justas. No dudaba en enfrentarse a quien hiciera falta en estas circunstancias, siempre y cuando los enfrentamientos no fueran más allá de batallas verbales.

Finalizó su etapa escolar sin sucesos demasiado relevantes, ya que por lo demás era una estudiante normal, de familia acomodada, con actitudes y relaciones habituales. Pero este cambio de etapa coincidió con una época de crisis económica importante, que se unió a varios conflictos familiares y problemas de convivencia entre sus padres. Y la vida acomodada a la que estaba acostumbrada se fue desvaneciendo poco a poco, dando lugar a una situación complicada en diversos sentidos, que incluso amenazaba con llevarles a una penuria económica.

Para prevenir males mayores e intentar un nuevo comienzo, su madre decidió emigrar, llevándose a sus hijas con ella, que ya estaban en plena juventud. Y aunque todas ellas acabaron asentándose en su nuevo destino, Inmaculada no llegó a asumir aquel gran cambio ni pudo encajar aquella decisión entre sus planes, así que decidió retornar a su país de origen al de pocos meses. La vuelta fue un largo viaje que tuvo que hacer sola, algo muy poco habitual en una mujer tan joven en aquella época. Afortunadamente otro familiar la esperaba a su regreso, su abuela, ofreciéndole la oportunidad de ser acogida en un nuevo hogar.

Durante esta nuevo periodo, en el que le acuciaba la necesidad de empezar a disponer de recursos para poder vivir su vida de forma independiente, dedicó un tiempo a prepararse para el mercado laboral, sobre todo adquiriendo competencias administrativas y de secretariado. Y en ese contexto se encontró con las primeras personas que le ayudaron a conocer un mundo que hasta entonces desconocía, el de la política y el sindicalismo. Algo que le apasionó desde el primer momento. Así que su juventud, en plena dictadura, la pasó acudiendo a reuniones, manifestaciones y actividades relacionadas con la lucha por vivir en un entorno democrático, intercaladas entre clases de contabilidad y mecanografía.

Fue también en ese el terreno en el que pudo empezar a sembrar las semillas que crecerían y darían sus primero frutos laborales y familiares. Consiguió un puesto de trabajo y un sueldo digno, y conoció a la persona de la que se enamoró y con la que en poco tiempo decidió casarse. Un paso que consideraba fundamental para cumplir uno de sus principales objetivos, el formar una nutrida familia. Ella y su marido vivieron años muy intensos, en los que se llegó a la deseada democracia. Y durante ese tiempo Inmaculada siguió siendo un ejemplo de iniciativa e independencia para la época en la que vivía: madre, mujer trabajadora, comprometida políticamente y cabeza de familia.

La crianza de sus hijos le requirió muchos años de dedicación, esfuerzo y desvelos, pero también de satisfacción. Fue capaz de compatibilizar sus responsabilidades como madre y como trabajadora fuera de casa, no sin muchos problemas y quebraderos de cabeza. Y con escaso apoyo por parte de su pareja, que era todo un prototipo de la actitud sexista predominante de la época.

Hasta que no consideró totalmente encarrilada la vida de todos y cada uno de sus hijos, sus preocupaciones (casi obsesiones) estaban centradas en asegurarles un futuro razonablemente estable. Y cuando consideró que su papel como madre protectora y guía podía darse por finalizado, decidió volver a volcarse en sus actividades políticas y sindicales. Aunque como no disponía de estudios superiores ni títulos universitarios, no le fue posible acceder a cargos formales relevantes. Pero su carácter, su determinación y sobre todo, su fidelidad "a la causa", le permitieron conseguir cierta influencia en la organización, en la que tuvo oportunidad de coordinar una buena cantidad de acciones e iniciativas.

Todo este dinamismo también le acarreó una buena cantidad de enemistades. Su fuerte carácter unido a su falta de autoridad formaban a una combinación explosiva, que con frecuencia le llevaba a enfrentamientos bastante amargos. Además, según pasaban los años, Inmaculada percibía que en aquella organización los valores y principios que la habían movilizado y con los que se había sentido plenamente identificada en el pasado, iban perdiéndose. Sus relaciones con algunos jefes, compañeros y colaboradores se deterioraron progresivamente y finalmente decidió cambiar de trabajo.

Sus últimos años antes de jubilarse los pasó trabajando en otra empresa, en el área de atención al cliente, atendiendo eficientemente quejas y reclamaciones. Un puesto que, para su propia sorpresa, le resultó especialmente satisfactorio. Se sentía bien defendiendo a los clientes de los errores de la empresa, incluso enfrentándose a sus propios jefes.

Finalmente, tuvo la posibilidad de retirarse definitivamente y pudo dedicarse a disfrutar de los nietos, a los que ofreció casi todas sus horas e inquietudes hasta el final de su vida.

Hagamos ahora el análisis de la vida de Inmaculada desde la perspectiva de la motivación.

Lo cierto es que parece que es una persona con una combinación interesante. La *autonomía* es probablemente uno de sus motores fundamentales, convirtiéndola en una mujer muy independiente y decidida, haciéndola ejemplar para la época en la que le tocó vivir. A pesar de su juventud, en el proceso de emigración se sintió capaz de separarse definitivamente de su familia para poder vivir su propia vida, asumiendo los riesgos y retos que ello implicaba. Y la falta de estudios avanzados la compensó con valor e iniciativa, sobre todo en el ámbito de la militancia política, lo cual también pudo dar respuesta a sus necesidades de *competencia* y de mejora de sus capacidades.

En el ámbito del *interés* podemos identificar con bastante claridad un par de deseos básicos muy intensos que, junto con la *autonomía,* parece que fueron los que más influyeron en sus decisiones vitales: f*amilia* e *idealismo.* Esta combinación probablemente le impulsó a comprometerse por causas sociales que consideraba importantes (activismo político), pero sin alejarse demasiado de su entorno más cercano y siempre con buena parte de su mente puesta en la familia y los hijos. También el *idealismo* puede identificarse en su último trabajo y en su defensa apasionada de los clientes.

Podríamos sospechar de cierta presencia del deseo básico de *poder*, ya que su fuerte carácter, la posibilidad de liderar proyectos, influir en las personas y darles directrices y consejos parecía resultarle atractiva, algo que sobre todo practicó en el ámbito político y sindical. Pero parece que fue una necesidad menos poderosa que las ya mencionadas.

Respecto a las necesidades de *relaciones*, podemos suponer que gran parte de su satisfacción se canalizaba mediante la pertenencia a su grupo político, ya que no parece que mantuviese ni que cultivara de forma especial amistades. Este tipo de colectivos es especialmente efectivo dando respuesta a la necesidad de pertenencia a un grupo. Y posiblemente el debilitamiento del sentimiento de pertenencia en este ámbito durante su madurez fue un factor que influyó significativamente en su desmotivación por el trabajo que entonces tenía y en su motivación por la búsqueda de otro puesto laboral.

Una vez más, insisto en que la vida de una persona es mucho más compleja que estos ejemplos y que los caminos que se toman dependen de circunstancias mucho más complicadas que las expuestas en estos textos. Pero le animo a intentar ser constructivo y verle la utilidad al ejercicio. Incluso puede probar a hacer un resumen de su propia vida o de la de alguno de sus allegados y analizarla desde la motivación. Si lo hace con alguien que también haya leído este libro puede pasar un buen rato.

Biografías especiales

Si tiene afición por leer biografías de personajes conocidos o históricos, también puede intentar leer entre líneas utilizando esta perspectiva. Se sorprenderá la facilidad con la que identifica alguna de las cuatro necesidades, que posiblemente habrán estado detrás de decisiones, acciones y conductas muy importantes, como hemos podido ver en el caso de Alejandro e Inmaculada.

Un buen ejemplo en este sentido puede ser Steven Spielberg. Este popular y reconocidísimo director de cine, autor de casi medio centenar de películas (obras tan diversas como exitosas como Tiburón, ET, La lista de Schindler o Salvar al soldado Ryan) y productor de más de otro centenar, además de muy talentoso en su trabajo está considerado como una persona muy motivada. Trabaja incansable durante horas y horas, sin visos de estrés ni cansancio, y siempre está dispuesto a embarcarse en multitud de proyectos e iniciativas, más allá de las innumerables películas que dirige y produce. Sus amigos y conocidos siempre se preguntan cómo tiene energía, vitalidad y tiempo para todo lo que hace.

Para intentar entender la motivación de Spielberg puede ver el documental que se estrenó sobre su vida en 2017, en el que podrá apreciar cómo la *autonomía* y la *competencia* han sido necesidades que ha ido satisfaciendo mediante sus películas y su enorme talento para el cine (8). Pero quizás lo más interesante es cuando se muestra que también la satisfacción de las *relaciones*, una faceta mucho menos conocida de Spielberg, ha jugado un papel muy importante.

En el documental, durante los primeros minutos, podemos conocer al director en su adolescencia. Un chico solitario, tímido y sin amigos ni contactos sociales. Pero que disfrutaba enormemente grabando pequeñas películas. Como relata uno de los testimonios, esta actividad le ampliaba su posibilidad de relacionarse, de hacer amigos, e incluso conocer chicas. Hasta el punto de que en su juventud llegó a permitirle formar parte de un grupo muy especial, un grupo al que nunca habría soñado pertenecer, el llamado "Movie Brats" (algo parecido a "*mocosos de película*").

Así lo cuentan los diferentes miembros de dicho grupo (y otras personas) en el propio documental:

"Brian de Palma: "Estaban George (George Lucas) y Francis (Francis Ford Coppola) y luego Marty (Martin Scorsese) y yo. Y después estaba Steven. Veníamos de lugares distintos, pero nos encantaba estar juntos. Juntos nos sentíamos como en una fraternidad (…)

Steven Spielberg: "Cuando entré en el grupo de los Movie Brats, que es como nos llamaban a los cinco, es cuando me sentí aceptado. (...)

Michael Phillips (productor): Steven era un friki. Uno adorable, pero un friki., No le iban ni el deporte, ni las drogas ni el rock and roll, pero era muy apasionado y entusiasta. Le encantaba hablar de películas y te contagiaba su entusiasmo.(...)

Martin Scorsese: Siempre estábamos juntos, teníamos algo que nos mantenía unidos, una especie de locura y obsesión por las películas.

Francis Ford Coppola: Siempre nos consultábamos y opinábamos de las películas de los demás sin reparo.

George Lucas: Que lo hiciéramos no quitaba que compitiéramos. "Ven a ver mi película, siéntate ahí, que suena mejor". Y lo dejabas anonadado. Todos nos veíamos forzados a hacerlo mejor para impresionar al resto.

Martin Scorsese: Era la prueba de fuego. Te daban buenos consejos y esperabas que fueran sinceros... pero que no se pasaran con la sinceridad."

Martin Scorsese, George Lucas, Francis Ford Copola, Brian de Palma y Steven Spielberg, ¡menudo grupo! Si repasa lo que decíamos sobre las *relaciones* en el capítulo anterior, comprobará que en este pasaje se percibe el fenómeno de pertenencia a un grupo y la existencia de un contexto de respeto, aprecio y aprendizaje constructivo entre todos los miembros, lo cual reforzaba su motivación por crear películas casi sin descanso.

En otro momento del documental, en este caso centrado en una época más actual, podemos ver testimonios de cómo Spielberg trabaja con su equipo, que mantiene estable desde hace muchos años:

"Tom Hanks (actor): A Steven le gusta formar parte de un gran equipo y estar en compañía de cineastas. Forman un club y una familia enorme.

Kathleen Kennedy (productora): Creo que eso define su trabajo en muchos sentidos porque Steven ha vivido y se siente a salvo en un ambiente familiar. Solo tiene contacto muy cercano con unos pocos en quienes confía y a quienes les habla de su vida. Y no quiere que nadie se vaya.(...)

Dennis Mauren (efectos especiales): Colabora mucho. Vuelve a trabajar con la misma gente de otras películas, porque se entiende con ellos. (...)

Steven Spielberg: Trabajo con mi gente y lo he hecho durante décadas. No sé qué haría sin ellos. Me volvería loco sin ese trato familiar. Y he conseguido reunir a una familia extraordinaria con los años. "

Además de estos claros ejemplos de cómo la satisfacción de la necesidad de *relaciones* puede alimentar la motivación, en el documental también se pueden identificar evidencias de cómo Spielberg da respuesta a otros deseos y necesidades. Así que si le resulta interesante conocer la vida del prestigioso director, le recomiendo verlo completo e intentar analizarlo desde la perspectiva de la motivación.

¿Y podemos llegar todavía más allá? ¿Y si además de conocer mejor a las personas, intentamos comprender el comportamiento de colectivos o grupos?

Si resulta verosímil utilizar la perspectiva de la motivación con personas individuales, en principio podría parecer razonable intentarlo con un conjunto de personas que comparte situaciones vitales o que tiene elementos y experiencias muy importantes en común, con gran cantidad de afinidades y que confluyen en la combinación y prioridad que dan a ciertas necesidades y deseos. Así que vamos a intentarlo.

Un ejemplo para ilustrar esta posibilidad puede materializarse utilizando como hilo conductor otro documental especialmente instructivo, titulado "*Hot girls wanted*" (9). Es un premiado largometraje en el que se presenta el proceso, las circunstancias y testimonios de chicas muy jóvenes, de 18 a 25 años, que deciden empezar a trabajar como actrices en el mundo de la pornografía. Es una situación que parece bastante extrema, pero la película (que no tiene ningún tipo de contenido especialmente morboso, que quede claro) resulta especialmente interesante de ver desde el punto de vista de la motivación, ya que recoge las reflexiones, argumentos y vivencias de varias chicas en su iniciación en el cine para adultos.

El punto de conexión argumental se centra en una casa, propiedad de un manager de este tipo de cine, que ha sido también el encargado de hacer la búsqueda y captación de las chicas utilizando sobre todo las redes sociales e internet. En ella conviven durante sus comienzos varias de ellas, las que vamos conociendo en el documental.

Para el espectador prejuicioso puede resultar chocante el comprobar que varias de las protagonistas no tienen antecedentes problemáticos y que no provienen de familias desestructuradas. Algunas de ellas cuentan cómo han disfrutado de una situación acomodada, un entorno social bastante normal y unas relaciones familiares en las que han estado incluso muy protegidas.

Este es un fragmento de la primera conversación que tiene una de ellas con su madre sobre el tema, cuando vuelve a visitarla tras su primer periodo como actriz porno:

"Madre: Hacías un montón de cosas a las que yo creía que te ibas a dedicar. Te gustaba la fotografía, el periodismo (...) capitana de las

animadoras. No lo entiendo. Pasaste de blanco a negro, de positivo a negativo, así, de repente.(…)

Chica: Era una salida fácil para mí, para huir de aquí. Por eso la escogí. Tan fácil, tan rápida, ya está, hecho.(…)

Madre: No sé qué más decir… ni en un millón de años habría imaginado algo así. Es todo tan fuerte…"

Y todo ello acompañado de diversas escenas de la granja en la que viven sus padres, con caballos, con salidas a cazar ciervos... sin ostentaciones, una familia sencilla, pero sin indicios de necesidad ni marginación.

De hecho, parece que ni las propias protagonistas entienden bien lo que les ocurre, como se puede apreciar en otro fragmento de otra conversación del mismo testimonio anterior, en la que su nuevo novio intenta convencerle para que lo deje:

"Novio: lo detesto, lo detesto completamente. Lo odio y quiero que lo deje. Pero no sé, no quiero echárselo en cara y dejar de estar con ella por eso. (…) He estado pensado, debo estar loco por intentarlo, pero quiero que lo dejes. Te quiero de verdad. ¿Qué pasa, por qué tantas dudas para dejarlo?

Chica: Es por el dinero. Y la posibilidad de viajar a todas partes, eso es increíble.

Novio: ¿A qué coste? ¿No te hace querer parar? Porque antes me has dicho que querías dejarlo y después has cambiado de idea en el último minuto."

Esta conversación se produce con la madre de ella presente, que también muestra su preocupación y disgusto, de forma respetuosa pero firme.

Y en ese momento la chica, entre sollozos, le manda un mensaje al agente, diciéndole que deja definitivamente la pornografía. Pero poco después somos testigos una conversación telefónica que tiene con él, en la que le dice lo siguiente:

"Chica: No sabía cómo decírtelo (…) sinceramente tengo mis dudas, a veces quiero volver a la casa, echo de menos a todo el mundo, echo de menos estar allí y hacer mis cosas y tener mi libertad."

¿Por qué tantas dudas? Desde la perspectiva de la motivación, podemos identificar con bastante claridad una combinación y situación de necesidades y deseos que probablemente haya influido en sus decisiones y nos puede ser útil para entender la situación. En varios casos se observa que la pornografía ha sido el camino que con más claridad y facilidad les ha brindado la posibilidad de encontrar su *autonomía*: su propio trabajo, su salario, su nueva casa, sus proyectos. Todo ello alejado de su vida anterior, una vida que muchas perciben como impuesta, que han llevado porque otros pensaban que era la que se suponía que tenían que llevar.

Por otro lado, una elevada intensidad del deseo básico de tener relaciones sexuales *(romance)*, que varias reconocen abiertamente, también influye poderosamente en la elección de ese tipo de actividad. Y para algunas de ellas el hecho de poder trabajar en algo para lo que se consideran especialmente bien dotadas y hábiles (practicar sexo) resulta también motivador, porque explicita y destaca su *competencia*.

Para finalizar, el hecho de que las nuevas actrices convivan con total libertad en un mismo piso durante sus inicios, algo que organiza (aunque bastante chapuceramente) el agente que les introduce en el negocio, da respuesta a sus necesidades de *relaciones* y de pertenencia a un grupo, que con frecuencia era algo con lo que tampoco habían estado demasiado satisfechas en su vida anterior.

Lamentablemente, como se percibe al final del documental, este camino que eligen las protagonistas de "*Hot girls wanted*" para dar respuesta a sus necesidades y deseos, en muchas ocasiones solo consigue satisfacerlos durante unos meses. Y tiene más efectos secundarios negativos que beneficios psicológicos. De cualquier forma, es evidente que durante un periodo de su vida la influencia de las necesidades de *autonomía*, *romance*, *competencia* y *relaciones* es capaz de hacer que se inclinen por una opción que, con mucha probabilidad, no resistiría prácticamente ningún análisis racional sobre sus riesgos y peligros. La conjunción de estas cuatro necesidades crea una motivación tan potente que en algunos casos puede derribar cualquier barrera lógica, impulsando a unas jóvenes inexpertas a alejarse de su familia e iniciarse en una actividad que saben que sus padres y familias rechazan profundamente.

Creencias y motivación

Ya que nos hemos lanzado a intentar comprender mejor el origen de los comportamientos colectivos, podemos probar a utilizar la motivación para entender mejor otras tendencias sociales que impulsan a gran cantidad de personas a actuar de cierta forma concreta. Veamos uno de esos casos.

A pesar de que la ciencia, el raciocinio, los datos objetivos y la lógica cada día son más relevantes y aceptados como herramientas de toma de decisiones, sigue manteniéndose un elevado interés por el "pensamiento mágico", por las supersticiones y por las ideas irracionales. Por ejemplo, resulta llamativo que en países desarrollados y con buenos sistemas educativos haya una cantidad elevada de personas que están seguros de la existencia de numerosas conspiraciones o que confíen más en la medicina alternativa que en la oficial. Algunas llegan a creer en ciertos planteamientos sin ningún tipo de base, como en la efectividad terapéutica de una dilución en la que ya no queda ni una sola molécula de principio activo (homeopatía), en la fumigación sistemática de toda la población desde aviones (*chemtrails*), o en la ocultación de un supuesto remedio contra el cáncer por parte de las empresas farmacéuticas (como si los investigadores y accionistas de estas empresas y sus familiares no sufrieran y muriesen por culpa de esta enfermedad).

En algunos casos este tipo de posturas consiguen cierto nivel de efervescencia y se convierten en peligrosas modas. Como el creciente movimiento antivacunas, un indeseable fenómeno que está consiguiendo que un significativo porcentaje de padres decida no vacunar a sus hijos, amenazando la consecución de la inmunidad de grupo que es necesaria para conseguir una protección efectiva. Y que puede poner en riesgo la vida de muchas personas.

Pues bien, es posible que la satisfacción de las necesidades relacionadas con la motivación, sobre todo la *autonomía*, la *competencia* y las *relaciones*, estén detrás de este posicionamiento tan poco lógico y difícil de explicar.

Empecemos analizando la *autonomía*. Entre los promotores de este tipo de planteamientos (que casi siempre buscan algún tipo de rendimiento económico, todo sea dicho) una de las prácticas más habituales es la invención de teorías alternativas, en las que se simplifican las razones que hay detrás de problemas muy complejos. Y suelen acompañarse de propuestas de soluciones supuestamente innovadoras, que además suelen ser sencillas y fáciles de entender e implementar.

Por ejemplo, es sencillo encontrar iniciativas en las que se achacan todos los casos de cáncer a la presencia y utilización de productos químicos de síntesis. Que abogan, con frecuencia con posturas bastante radicales, por un entorno "*sin químicos*", alegando que es la mejor medida de prevención. Como ya estará intuyendo, desde el punto de vista de la satisfacción de necesidades, este tipo de planteamientos aportan al receptor una sensación inmediata de *autonomía*, ya que le aseguran tener bajo control la situación, tanto el conocimiento del origen del problema como la gestión de las posibles soluciones. Si la causa son "los químicos", la solución es "sin químicos". Sencillo y aplicable de inmediato a todo tipo de hábitos. Curiosamente (o no tanto) cada vez hay más oferta de productos que se autodescriben como "libres de químicos". Con un coste bastante más elevado, claro.

Además, con frecuencia estos enfoques se suelen reforzar con una estrategia que podríamos denominar como "*extraordinaria autonomía… por comparación*". Esta táctica se basa en afirmar que casi todos los demás estamos vigilados, controlados y dirigidos según intereses oscuros, relacionados con grandes corporaciones, empresas, agencias, políticos, etc., por lo que no tenemos capacidad real de decidir sobre nuestra vida. O, dicho de otra forma, no somos autónomos. Así que si a alguien se le convence de que pensando de "forma alternativa" se libra de este control, es capaz de percibir "la verdadera realidad" y se libera de las supuestas maniobras de los entes perversos que manejan los hilos del mundo, llegará a sentir que comparativamente su *autonomía* es mayor que la de los demás.

Además de apelar a una *autonomía* sobredimensionada, la satisfacción de la necesidad de *competencia* es otra estratagema muy habitual en estas situaciones, sobre todo en el ámbito de las terapias alternativas. Una vez más se recurre a explicar problemas complejos mediante falsas simplificaciones, para hacer creer al afectado que sabe mucho sobre cierto tema o patología. Y en este caso el refuerzo que se suele utilizar se basa de nuevo en la comparación. Criticando y devaluando a los verdaderos expertos, calificando sin rubor a los médicos e investigadores como desactualizados, incompetentes, "comprados" o solo interesados en ganar dinero. Y repitiendo una y otra vez afirmaciones del tipo "*ahora sabe usted más que su médico*". El resultado de esta estrategia es que la persona afectada llega a creer sinceramente que su conocimiento es mucho mayor de lo que realmente es, lo cual provoca un influyente contexto de motivación, sobre todo en personas en las que la satisfacción de la necesidad de *competencia* es algo especialmente prioritario, porque la consideran importante o porque no existen otros medios para lograrla (10).

Finalmente, la tercera necesidad que se satisface mediante este tipo de creencias es la de *relaciones*. Los promotores de este tipo de ideas (que son los verdaderos beneficiados a través de sus negocios relacionados) tratan con cariño y respeto a sus seguidores, lo cual hace que se sientan cuidados y aceptados. Estos seguidores además suelen buscar con insistencia el contacto con otras personas con ideas similares, algo que hoy en día es especialmente sencillo sobre todo gracias a internet y las redes sociales. El resultado de todo ello es la creación de numerosos grupos, foros y redes sobre esta forma de entender la realidad, que ayudan a desarrollar de un intenso sentido de pertenencia, que a su vez tiene una gran capacidad de movilización (11).

Todos estos mecanismos psicológicos relacionados con la satisfacción de necesidades psicológicas y la motivación hacen que los pensamientos irracionales se vayan integrando en la identidad personal, hasta convertirse en algo mucho más complejo e influyente que una simple creencia; llegan a ser los pilares que sustentan una forma de entender el mundo. Y por eso es tan complicado persuadir a alguien de que se aleje de estas ideas, especialmente cuando ya están muy consolidadas e interiorizadas (12).

Opciones y motivaciones

Después de todos estos ejemplos que nos han mostrado cómo la perspectiva de la motivación puede ayudar a entender mejor los comportamientos de las personas, pueden surgirnos algunas dudas relacionadas con nuestra libertad y nuestro libre albedrío. ¿Es posible elegir otros caminos con la combinación de las necesidades y deseos que presentaban las chicas de "*Hot Girls Wanted*" o con la que tienen los más encendidos defensores de creencias irracionales?

Sin duda, nuestra compleja sociedad ofrece multitud de opciones y por eso es prácticamente imposible predecir el futuro de una persona en base a esta información. Es un error pensar que nuestra vida puede considerarse predeterminada o nuestro destino fijado. Las necesidades y la motivación pueden formar un marco genérico que nos guíe a lo largo de nuestra vida y que nos impulse hasta nuestro puerto de destino, pero la elección del barco, las escalas, la navegación y la tripulación es algo que puede diferir de un caso a otro. Y si conocemos dicho marco y las razones de fondo que nos impulsan, podremos elegir mejor y con más criterio los pasos que podemos seguir para la consecución de nuestros objetivos y la satisfacción de nuestras necesidades y deseos.

Es lo que vamos a abordar en el próximo capítulo, la posibilidad de conocer mejor los ingredientes de nuestra motivación y los mecanismos para orientarla lo mejor posible en la dirección que consideremos más conveniente.

En la dirección de una vida mejor.

Referencias:

(1)

Self-Determination Theory Applied to Health Contexts: A Meta-Analysis (2012)

Autonomous and controlled motivational regulations for multiple health-related behaviors: between- and within-participants analyses (2015)

Facilitating health behaviour change and its maintenance: Interventions based on Self-Determination Theory (2008)

(2)

Resistance to change: a literature review and empirical study (2003)

(3)

The Theory of Planned Behavior (1991)

(4)

A self-determination theory approach to goals (2014)

(5)

Building a practically useful theory of goal settings and task motivation (2002)

(6)

A Study on the Impact of Rewards and Recognition on Employee Motivation (2013)

Behavioral management and task performance in organizations- conceptual background, meta-analysis, and test of alternative models (2003)

A Little Thanks Goes a Long Way:Explaining Why Gratitude Expressions Motivate Prosocial Behavior (2010)

(7)

Study on Employee Engagement Finds 70% of Workers Don't Need Monetary Rewards to Feel Motivated (2013)

Nurses' Job Satisfaction: A Meta-Analysis Of Related Variables (1993)

Stats show employee recognition reduces turnover by 17%. BI Worldwide (2016)

The Impact Of Reward And Recognition Programs On Employee's Motivation and Satisfaction: An Empirical Study (2009)

Trends in Employee Recognition- WorldatWork (2013)

Employee Recognition and Performance-A Field Experiment (2013)

(8)

Spielberg (HBO) Susan Lacy, 2017

(9)

Hot Girls Wanted - Bauer y Gradus (2015)

(10)

Too special to be duped: Need for uniqueness motivates conspiracy beliefs (2017)

(11)

Mapping the anti-vaccination movement on Facebook (2017)

(12)

Understanding the perceived logic of care by vaccine-hesitant and vaccine-refusing parents: A qualitative study in Australia (2017)

Strategies intended to address vaccine hesitancy: Review of published reviews (2015)

Beyond "Monologicality"? Exploring Conspiracist Worldviews (2017)

Individual difference factors and beliefs in medical and political conspiracy theories (2017)

Effective Messages in Vaccine Promotion: A Randomized Trial (2014)

The Role of Evidence in Politics: Motivated Reasoning and Persuasion among Politicians" (2017)

When Corrections Fail: The Persistence of Political Misperceptions" (2010)

CAPÍTULO 4
MOTIVACIÓN PARA UNA VIDA MÁS SALUDABLE

Aunque poco a poco estamos conociendo hipótesis, evidencias y ejemplos que nos empujan a pensar que la perspectiva de la motivación puede ser muy útil para entender el comportamiento de las personas, la parte más interesante (y más compleja) empieza a partir de este momento, ya que tendremos que analizar y evaluar la utilidad real de las teorías de la motivación para cambiar dichos comportamientos. El objetivo del libro no solo es entender esta perspectiva, sino utilizarla para cambiar y así poder disfrutar de una vida mejor, más saludable, más satisfactoria, más larga. Aunque sin entrar en cuestiones relacionadas con patologías graves ni enfermedades, porque para eso están los expertos sanitarios de cada especialidad.

Evidentemente, hay otras teorías y modelos relacionados con el cambio de comportamientos que también tienen utilidad. Hay mucha y muy interesante investigación en este sentido, que ha dado lugar a terapias tan extendidas y útiles como la terapia cognitivo conductual.

También hay aproximaciones más mundanas y que "funcionan". Por ejemplo, como recurso para intentar convencer a alguien de que haga algo también se puede utilizar el miedo. Los estudios muestran que el miedo y las amenazas, transmitidas de forma más o menos agresiva o intensa, consiguen que las personas hagan cosas. Y son seguramente a lo primero que recurrimos a la hora de intentar influir cuando nos dejamos llevar por nuestro instinto, especialmente si gozamos de cierta condición de superioridad o de autoridad (1). Desde el punto de vista de la psicología, el miedo es otro *constructo* más, un término con el que intentamos definir de forma genérica un conjunto de sentimientos que nos afectan de forma especial y nos impulsan a comportarnos de cierta manera. Está relacionado con nuestra capacidad de predecir el futuro y poder prever la ocurrencia de sucesos negativos o peligrosos, algo en lo que los seres humanos somos mucho más efectivos que otros animales.

Lo cierto es que una cantidad razonable de temor no tiene por qué ser necesariamente negativa. Nos permite ser precavidos a la hora de hacer planes y movernos por el mundo, mantenernos alejados de ciertos riesgos e incluso puede aportarnos claros beneficios, tales como una vida más larga o menos enfermedades. Aunque no nos haga sentir satisfacción y placer inmediatos. Por eso la evolución ha programado nuestros genes para que la mayoría sintamos temor por las alturas, las arañas o las serpientes (2).

Sin embargo, no debemos confundir este tipo de influencia con nuestra definición de motivación. Al utilizar el miedo no estamos consiguiendo que alguien se motive, que desee hacer algo por sí mismo, pensando que va a sentir satisfacción con ello. Incluso podría ocurrir lo contrario, ya que con frecuencia estamos intentando forzarle a que deje de hacer algo por lo que posiblemente se sienta en cierta medida motivado. Además, alguien que vive constantemente atemorizado y que actúa en base a intentar evitar represalias y peligros tiene elevadas probabilidades de ver cómo crecen su ansiedad y sus preocupaciones, factores que precisamente tienen el efecto contrario respecto al bienestar (3).

Por otro lado, cuando hablamos de riesgos más intangibles, a más largo plazo o menos obvios, las reacciones de las personas se complican sobremanera y la efectividad del miedo se va diluyendo. No hay estudios que indiquen que, en el ámbito de la salud, el informar detalladamente a alguien sobre sus riesgos y hacerle ver sus hábitos menos recomendables sea un método especialmente efectivo para hacerle cambiar (4). Por lo tanto, el miedo no es suficiente para impulsar el cambio en este sentido y además, cuando lo logra, se suele percibir como una imposición, una obligación; "*no me queda más remedio*". Una situación que genera sensaciones negativas y en la que el convencimiento puede desmoronarse con facilidad.

Dejemos entonces a un lado el miedo y centrémonos en la motivación, un enfoque mucho más constructivo y quizás más poderoso. Pero ¿qué es lo que hay que cambiar? ¿Qué prioridades puede haber a la hora de modificar nuestros hábitos y comportamientos y conseguir una vida mejor y más saludable?

Las estadísticas más recientes nos indican que en los países más desarrollados los cinco principales hábitos o factores del entorno relacionados con una mayor enfermedad y mortalidad son los siguientes, por orden de relevancia (5):

1. Consumo de tabaco, alcohol y otras drogas.

2. Dieta inadecuada.

3. Contaminación ambiental.

4. Riesgos ocupacionales (en el trabajo).

5. Sedentarismo.

En este libro no vamos a tratar ni la contaminación ni los riesgos ocupacionales, cuya relación con la motivación es más bien escasa. Así que nos centraremos en los otros tres, sin olvidar que son factores muy complejos y para los que nadie ha encontrado una solución milagrosa. Pero para los que, en mi opinión, la motivación puede hacer interesantes aportaciones.

También debe quedar claro que éste no es un libro sobre cómo adelgazar o conseguir un cuerpo más atractivo. Vamos a trabajar para lograr hábitos más saludables, que mejoren nuestra calidad de vida – y posiblemente la implementación de los mismos pueda, en muchos casos, ayudar a perder peso o a mejorar la composición corporal – pero en estas páginas no va a encontrar consejos específicos en ese sentido.

Sin más preámbulos, vamos a comenzar con la perspectiva dietética y la posibilidad de mejorar nuestros hábitos alimentarios.

Los nuevos alimentos

Cuando alguien me pide que explique brevemente mi versión sobre el problema de la obesidad, la alimentación y la salud (los medios de comunicación suelen querer que lo cuente un párrafo escrito o en un par de minutos hablados), siempre les suelo comentar lo mismo: "*Pues lo siento, pero no voy a poder*". En el momento de escribir estas líneas he publicado cinco libros intentando hacerlo y todavía no creo haberlo conseguido (6). De cualquier forma, hay algo sobre lo que hay pocas dudas: que el problema es realmente grave.

Los informes y estudios más recientes aportan datos realmente escalofriantes. En el año 2014, había unos 650 millones de personas obesas en el mundo, en comparación con los 100 millones de 1975. 180 millones de ellos sufrían obesidad severa. Un 5% de las muertes mundiales están asociadas al sobrepeso, lo que supone aproximadamente unas 20 millones de muertes al año. La obesidad es una de las tres principales cargas sociales globales generadas por los seres humanos, su relación con enfermedades crónicas como el cáncer, la diabetes y algunas enfermedades cardiovasculares está sobradamente confirmada y supone unos costes añadidos de unos dos billones de dólares, el equivalente al 2,8 del PIB mundial (7).

Pero siendo estos datos realmente preocupantes, hay otro que es aún más inquietante: no parece haber visos de solución. Las tendencias llevan años siendo las mismas y no hay ningún país desarrollado en el mundo que haya sido capaz de detener la creciente prevalencia del sobrepeso.

Durante décadas las autoridades sanitarias han diseñado ineficientes políticas en base al principio del equilibrio energético, es decir, asumiendo que la causa del sobrepeso es que ingerimos demasiadas calorías. Pero ese enfoque es tan obvio como inútil, ya que no nos da información sobre cuáles son las causas reales, es decir, por qué comemos más de lo que parece que teóricamente necesitamos. Y sin esa información es imposible combatir el origen del problema.

Afortunadamente, aunque quizás más lentamente de lo que a algunos nos gustaría, parece que tanto la opinión pública como los expertos se van dando cuenta de que el origen del sobrepeso es complejo, multifactorial, consecuencia de una gran cantidad de variables relacionadas con la forma de vida actual. Y, especialmente asociado a los alimentos que comemos. No es fácil explicar en unas pocas líneas el complejísimo entramado de condicionantes que nos lleva a comer como comemos, pero ya que estamos inmersos en un proceso de aprender sobre la motivación, podríamos resumir las circunstancias alimentarias de la sociedad moderna de la siguiente forma: Vivimos en un entorno en el que estamos intensa y continuamente motivados para comer alimentos poco saludables.

Permítame que se lo aclare un poco más profundizando en dos cuestiones. La primera está relacionada con la tipología de ciertos alimentos que consumimos en gran cantidad, los "altamente procesados". Para ello voy a tomar prestado un texto del investigador, endocrinólogo y pediatra de la Universidad de California Robert H. Lustig publicado en JAMA Pediatrics y titulado *"Comida procesada, un experimento que ha fracasado"*. Este experto escribió lo siguiente respecto a este tipo de comida y el efecto que está teniendo en nuestra salud (8):

"Aquellos de nosotros que hacemos ciencia sabemos que nueve de cada diez experimentos acaban en fracaso. Ahora imagine que los últimos 50 años ha habido un gran experimento de investigación clínica, con la población estadounidense como participante involuntaria, conducido por 10 investigadores principales: Coca-Cola, Pepsico, Kraft, Unilever, General Mills, Nestlé, Mars, Kellogg, Proctor & Gamble y Johnson & Johnson. En 1965, estas corporaciones plantearon la hipótesis de que los alimentos procesados eran mejores que la comida real. Y para determinar si ha sido un éxito o un fracaso, tenemos que examinar los resultados. En este caso, serían cuatro: el consumo de alimentos, la salud, el

medio ambiente y el cash flow, en empresas, consumidores y sociedad. (...) Evaluemos los resultados de cada una de las cuatro variables, una a una.

La primera es el consumo de alimentos. En EEUU solo el 7% del producto interior bruto se gasta en alimentos, lo cual permite a la nación más obesa del mundo comprar más. No hay duda de que el consumo de alimentos ha crecido desde 1995: un aumento de 187 kcal / día en los hombres, 335 kcal / d en mujeres, y 275 kcal / d en adolescentes. Pero, ¿qué son estas calorías? No es grasa, su cantidad se ha mantenido estable. El aumento es de carbohidratos refinados, la mitad de los cuales son azúcar. En los últimos 30 años, mientras que el consumo de carne ha disminuido del 31% al 21%, el de alimentos procesados y dulces ha aumentado del 11,6% al 22,9%.

La segunda variable es la salud. No hay duda de que tanto la obesidad como la diabetes tipo 2 han aumentado astronómicamente. El consumo de azúcar predice el síndrome metabólico en adolescentes, independientemente de las calorías o el índice de masa corporal. Cuando sustituimos el azúcar por almidón en los niños, su síndrome metabólico mejora. De hecho, las investigaciones muestran que el azúcar es una causa inmediata de diabetes tipo 2, dislipidemia e hígado graso no alcohólico.

La tercera variable es el medio ambiente. La World Wildlife Federation sostiene que la producción de cultivos relacionados con el azúcar da lugar a una erosión del suelo y una pérdida anual de 6 millones de hectáreas de tierra cultivable. Lo vemos con claridad en los Everglades y el Amazonas. Además, el monocultivo (es decir, maíz y soja) para producir alimentos procesados ha llevado a un aumento del uso de atrazina, a un aumento de la contaminación por nitrato, desarrollo de la resistencia a los herbicidas, y la aparición de "superhierbas".

134

Y por último, el cash-flow o flujo de caja. Hasta 2012, las empresas que fabrican alimentos procesados, azúcar y bebidas lograron mejores resultados que el resto en el índice Standar and Poor 500. Sin embargo, desde 2013, su rendimiento ha empeorado, destacando el despido de 1800 empleados de Coca-Cola en 2014 para ahorrar 3 mil millones de dólares y el despido del CEO de McDonald, Don Thompson. Para los consumidores, los alimentos procesados cuestan la mitad que los alimentos frescos (por caloría) y su trayectoria de aumento es menor; esto podría sugerir que los alimentos procesados son más baratos a corto plazo Sin embargo, el dinero gastado en primas de seguros, la reducción en los años de trabajo debido a la discapacidad y los años de vida perdidos debido a enfermedades crónicas a largo plazo eclipsa el ahorro para los consumidores. El gasto sanitario ha crecido del 2% del producto interno bruto en 1965 al 17,9% en 2014 y se estima que alcanzará el 21% en 2020. En la actualidad, la industria genera 1.46 billones anuales, de los cuales el 45%, o 657 mil millones, es la ganancia bruta. Sin embargo, la atención médica cuesta 3,2 billones anuales, de los cuales el 75% se gastan en enfermedades relacionadas con el síndrome metabólico; el 75% de los casos de síndrome metabólico podrían prevenirse, lo cual supone 1.8 trillones de dólares desperdiciados; Perdemos el triple de lo que genera la industria alimentaria. (...).

Teniendo en cuenta estos resultados, la conclusión es clara: los alimentos procesados han sido un experimento que ha fracasado (...) "

Bien, tras esta introducción bastante crítica (y matizable en algunas aspectos), dado que van a tener bastante protagonismo y que en buena cantidad de países desarrollados aportan la mayoría de las calorías de la dieta diaria, creo que es conveniente que concretemos un poco más a lo que nos referimos cuando hablamos de alimentos procesados (9).

Para empezar vamos a enumerar el resto, los que no son procesados, que serían los siguientes (10):

- Vegetales y frutas frescos, refrigerados, congelados o envasados al vacío.

- Cereales en general (excepto los de desayuno), incluyendo arroz.

- Legumbres frescas, congeladas o secas, raíces y tubérculos.

- Hongos y setas.

- Fruta seca y zumos de fruta naturales (frescos o pasteurizados) sin componentes añadidos.

- Frutos secos y semillas sin sal ni tostar.

- Carne (roja y blanca), pescado y marisco fresco, seco, refrigerado o congelado.

- Leche fresca, pasteurizada o en polvo (entera o desnatada), lácteos fermentados sin añadidos (como yogur natural).

- Huevos.

- Agua corriente, filtrada o embotellada, infusiones, té, café.

Por lo tanto, cualquier alimento que no esté incluido en estos grupos se consideraría procesado y probablemente a usted también le estén aportando la mayor parte de las calorías de su dieta.

Para que no quede ninguna duda, este es un listado de los que se consideran en el otro extremo, los llamados "ultraprocesados". Es decir, los más procesados y que suelen describirse como "productos fabricados a partir de sustancias derivadas de alimentos":

- Patatas chips y otros tipos de aperitivos dulces, grasos o salados.

- Helado, chocolates, caramelos (confitería).

- Patatas fritas, hamburguesas y perritos calientes.

- Varitas o porciones preparadas de pollo, pavo, pescado, etc.

- Panes, bollos, galletas, cereales para el desayuno.

- Pasteles, tartas.

- Barritas energéticas.

- Mermeladas, margarinas.

- Postres preparados.

- Sopas enlatadas, embotelladas, deshidratadas, envasadas, fideos.

- Extractos de carne, levadura.

- Bebidas carbonatadas, de cola, energéticas.

- Lácteos bebibles azucarados, leche condensada, yogures de sabores,

- Bebidas de frutas.

- Café instantáneo, bebidas de cacao.

- Vino sin alcohol, cerveza.

- Platos preparados de carne, pescado, verdura, queso, pizza o pasta.

- Leche de fórmula o de continuación y otros productos para bebés.

- Productos de adelgazamiento que sustituyen a las comidas, como productos en polvo o fortificados.

Estos productos, además de presentar un alto grado de procesamiento o transformación (lo cual "per sé" no tiene por qué ser nada negativo) tienen algo especial. Algo que enciende todas las alarmas respecto a su responsabilidad en la epidemia de obesidad y que está muy relacionado con la motivación. Aunque quizás todavía no sea muy evidente, su naturaleza está estrechamente relacionada con todo lo que hemos ido conociendo durante las páginas y capítulos anteriores.

Alimentos que motivan

Mediante el ciclo de motivación y sus tres pasos podemos explicar nuestro comportamiento ante la comida de forma muy sencilla: como consecuencia de señales externas o cambios fisiológicos, se produce una segregación de neurotransmisores (especialmente dopamina) que nos producen apetito o deseo de comer. Ese deseo tiene el poder suficiente para impulsarnos a ejecutar el comportamiento (en este caso buscar y comer alimentos). Y como premio, recibimos una respuesta hedónica, el placer que nos produce el acto de comer algo delicioso.

Por lo tanto, nuestras decisiones relacionadas con la comida pueden incluirse en ese grupo de decisiones automáticas o intuitivas. Aunque todos tengamos en mente cuáles son los alimentos más sanos y recomendables para vivir una vida más saludable (y nos hagamos continuamente propósitos a medio–largo plazo para comer cada vez mejor), en el momento de la verdad, cuando abrimos la nevera para llevarnos algo a la boca o cuando elegimos un menú en un restaurante, ese conocimiento pasa a segundo plano y lo que nos moviliza es mucho más visceral. El motor que impulsa todo este mecanismo es el ciclo de motivación y los alimentos altamente procesados han sido diseñados explícitamente para alimentarlo, como veremos a continuación.

Para empezar, su capacidad para disparar el primer paso, la segregación de neurotransmisores que encienden el deseo, es enorme (11). Su omnipresencia es simplemente abrumadora, los tenemos a mano en todo momento y es casi imposible dejar de verlos o de recibir información sobre ellos. Además suelen venir acompañados de envoltorios inteligentemente diseñados, que utilizan el marketing más efectivo y agresivo. Señales, señales y más señales. Pruebe a mirar a su alrededor, en casa en el trabajo o en la calle, y comprobará que la proximidad de comida o bebida ultraprocesada es prácticamente universal. Y cuando hacemos la compra en el supermercado, la situación es mucho peor, ya que la mayor parte de los productos que se nos ofrecen en los estantes y pasillos son de esta naturaleza.

En segundo lugar, la ocurrencia del segundo paso, la ejecución del comportamiento, el comer, se facilita enormemente. El precio de estos alimentos es bajo, su conservación muy sencilla (tardan mucho en caducar) y su disponibilidad muy elevada (despensas, neveras, cafeterías, tiendas de alimentación, supermercados, máquinas expendedoras, gasolineras…). Están en todo momento a mano, muchos de ellos no requieren de preparación y se comen y digieren con facilidad.

En tercer lugar llegamos al último paso, la recompensa. Estos productos se crean mediante ingredientes y componentes que se extraen y refinan en grandes cantidades (sobre todo a partir de plantas y vegetales), que posteriormente se combinan y someten a diversos procesos de transformación, sobre todo con un objetivo fundamental: crear sensaciones especialmente intensas y placenteras. Para los fabricantes de alimentos éste es el criterio principal en los procesos de desarrollo, resultar deliciosos al consumidor, porque así saben que se venderán mucho más. Nadie compra alimentos que no le gusten.

Todos estos mecanismos – las señales e imágenes continuas, la excesiva disponibilidad y facilidad de consumo y la elevada palatabilidad/recompensa – son precisamente las condiciones idóneas para que se refuercen las interconexiones neuronales del ciclo de motivación. Basta con "ponerlo a girar", es decir, repetir la secuencia una y otra vez, durante amplios periodos de tiempo, para que poco a poco su inercia se vaya consolidando y cada vez seremos más sensibles respecto a este tipo de comida. Más susceptibles a detectarla, desearla y comerla. Visualizamos comida sabrosa, nos apetece, está a mano, la comemos, la disfrutamos. Más señales, más ingesta de comida palatable, más recompensa. Durante meses, durante años, durante décadas. El resultado final es una interminable sucesión de decisiones impulsivas, automáticas, con mucha frecuencia inadecuadas y casi imposibles de evitar.

A causa de la elevada plasticidad de las neuronas, capaces de adaptarse a muchas circunstancias, nuestro cerebro se "acostumbra" al proceso. Ante este tipo de condiciones se han identificado adaptaciones metabólicas y neuronales a largo plazo con patrones comunes a los que se observan en personas que sufren adicciones como al tabaco o al alcohol. Esto no significa que ambos fenómenos sean iguales - la controversia sobre el tema sigue candente entre los especialistas - pero hay una buena cantidad de ellos que cree que existen evidentes solapamientos (12). En este sentido, desde hace años hay expertos que trabajan con una escala para la evaluación a la posible adicción a la comida, basada en herramientas similares utilizadas para otras sustancias. Aunque todavía no se utiliza como protocolo estandarizado en psiquiatría y probablemente solo sea de utilidad en los casos más extremos (la prevalencia de esta supuesta patología es muy heterogénea), puede ser útil para entender que los mecanismos que están detrás de ambos fenómenos - adicciones a sustancias y alimentación excesiva de alimentos poco saludables - tienen aspectos en común (13).

Así que la afirmación que he hecho hace unas cuantas páginas, que *"estamos intensamente motivados para comer alimentos poco saludables"*, es real y rigurosa. No se trata de ninguna metáfora ni exageración. A lo largo de nuestra vida y como consecuencia de nuestro entorno y nuestro consumo, parece que nuestro metabolismo y cerebro se han ido programando poco a poco para ir más allá de lo que dicta la evolución respecto a cuándo y cuánto comer. Mucho más allá. Y la mayor parte de este comportamiento está ocurriendo a nivel inconsciente, incluso en contra de nuestras creencias y valores. Las estadísticas son claras: el consumo de alimentos ultraprocesados y poco saludables no para de crecer, en todos los hogares, casi con seguridad también en el suyo. Pruebe a chequear su despensa, su nevera y su lista de la compra frente a la lista anterior de alimentos frescos. Se sorprenderá de los pocos que realmente consume en cada una de sus comidas.

Si nos centramos en los deseos y necesidades, desde el punto de vista de la necesidad *interés* podríamos decir que todo este contexto ha provocado que se dispare el porcentaje de personas con un deseo básico por la *comida* muy intenso. En general la intensidad de los deseos básicos de cada persona suele ser una combinación bastante particular y que se mantiene bastante estable en el tiempo, pero con el deseo de comer la situación es excepcional. Cada vez hay más personas con una poderosa motivación por buscar e ingerir cierto tipo de alimentos, que les resulta imposible escapar del círculo vicioso que forman su ingesta continua y su capacidad para generar cada vez más deseo y sensación de necesidad, a cambio de cierta recompensa en forma de placer. Un círculo que se ve agravado por otros factores asociados a la forma de vida actual, como el estrés, la falta de exposición a la luz solar o la interrupción de los ritmos circadianos y del sueño, capaces de alterar el equilibrio metabólico y bioquímico que regula todos estos procesos (14).

Pero la problemática con los alimentos ultraprocesados no ha llegado sola. Su invasión de supermercados, neveras y cocinas ha provocado el desplome del consumo de alimentos frescos y poco procesados. Los alimentos que nos han nutrido durante milenios se han convertido en la excepción, abandonando los cimientos de nuestra dieta. Incluso en las pirámides dietéticas oficiales, diseñadas por expertos supuestamente rigurosos, con frecuencia la base aparece ocupada por derivados y sucedáneos de cereales y féculas (15). Desde la perspectiva de la motivación - en este caso, desmotivación por los alimentos no procesados – las razones de esta regresión hay que buscarlas en el extremo contrario al de los alimentos procesados. Los vegetales, las frutas, los huevos, las carnes y los pescados frescos presentan envoltorios mucho menos llamativos y un aspecto menos apetecible. Su preparación requiere esfuerzo y conocimiento. Y, a no ser que seamos unos chefs extraordinarios, su respuesta hedónica es bastante más comedida. Como consecuencia de todo ello, nuestro cerebro segrega menos neurotransmisores ante su presencia, el deseo no acaba de despertar y la expectativa de recompensa es más bien escasa. El ciclo de motivación se frena hasta casi pararse y la motivación por ellos se diluye.

En resumen, los alimentos ultraprocesados han desplazado a los no procesados porque son mucho más eficaces poniendo en marcha nuestros mecanismos de motivación.

Desmotivados por movernos

Detrás de todos los cambios que acabamos de ver está el deseo por la *comida*, que forma parte de la necesidad *interés*. Pero este deseo básico no es el único que se ve afectado por los enormes cambios del entorno que se viven en las sociedades desarrolladas. De hecho, en la lista de los factores asociados a la de enfermedad y mortalidad de la sociedad occidental que hemos visto al principio del capítulo había otro factor directamente relacionado con otro deseo básico. Me refiero al sedentarismo y al deseo de *ejercicio*.

Creo que no hace falta explicar con demasiado detalle lo que ha ocurrido con la actividad física durante las últimas décadas, porque todos lo conocemos. El sedentarismo se ha convertido en el estado "normal" de las personas. Y los estudios confirman una y otra vez su asociación con gran cantidad de patologías y problemas de salud.

Al igual que sucede con la comida, el enfoque de la motivación puede darnos pistas y posibles respuestas que nos pueden ser útiles para entender y afrontar el problema. Aunque en este caso la situación es algo más compleja, ya que evolutivamente la actividad física no tiene razones tan claras para estar tan sólidamente programada en nuestros genes y en nuestra biología. Moverse no tiene por qué ser un fin en sí mismo, el movimiento no nos aporta directamente algo absolutamente necesario para nuestra fisiología, como ocurre con la comida. No es más que un recurso que tiene que estar disponible para poder hacer cosas necesarias a corto plazo, tales como cazar, recolectar o defenderse. Y además es contrario al ahorro de energía, algo para lo que nuestro cuerpo sí que ha evolucionó durante milenios, cuando la escasez y las hambrunas eran habituales.

Si lo analizamos desde el punto de vista del ciclo de motivación, nuestra sensibilidad a señales externas relacionadas es mucho menor que con los alimentos. Aunque hay casos muy puntuales en los que alguien pueden llegar a obsesionarse con la práctica del ejercicio, la mayoría no empezamos a segregar saliva compulsivamente (o su equivalente deportivo) en cuanto vemos a alguien practicar deporte o cogemos un balón o una raqueta (16). Igualmente, aunque mientras practicamos ejercicio liberamos una buena cantidad de hormonas y neurotransmisores que pueden hacernos sentir bienestar y satisfacción, esta respuesta es mucho menos aguda que la que sentimos con una lujuriosa comida o con un alimento cuidadosamente diseñado para resultar especialmente sabroso. Así que, por todo ello, es razonable pensar que la influencia del ejercicio a la hora de movilizarnos es escasa y bastante susceptible de ser neutralizada o sustituida por otra necesidad. Que es precisamente lo que ha ocurrido.

Hoy en día no es necesario cazar, recolectar ni cocinar. También en el ámbito laboral, en principio con la intención de reducir los riesgos y lesiones, los responsables de prevención y los legisladores trabajan por minimizar los esfuerzos y los movimientos. Diseñan procesos automatizados y puestos de trabajo estáticos y teóricamente confortables. La sociedad moderna nos permite conseguir prácticamente de todo fácilmente, incluidas aquellas cosas que dan respuesta a las cuatro necesidades psicológicas.

Disponemos de poderosas máquinas – los automóviles – mucho más potentes y rápidas que nuestras piernas, que nos trasladan a gran velocidad de un lado a otro y nos aportan percepción de *poder*, haciéndonos sentir fuertes, importantes, atractivos y cómodos. Podemos saciar nuestra *curiosidad* accediendo desde aparatos portátiles a contenidos de todo tipo y casi desde cualquier localización. Es posible mantener *relaciones* con otras personas a distancia, utilizando canales escritos, sonoros o de imagen. Podemos leer, escuchar música, ver vídeos, jugar y competir, incluso practicar sexo, todo ello sin levantarnos del sillón de nuestro salón o de nuestro puesto de trabajo.

En definitiva, desde el punto de las necesidades y los deseos básicos, hoy en día el ejercicio simplemente se ha vuelto innecesario. Si anteriormente decíamos que los alimentos ultraprocesados activan y refuerzan el ciclo de motivación mejor y más eficazmente que los alimentos frescos, desplazándolos de nuestra motivación, en este caso la competencia es mucho mayor y el punto de partida muy preocupante. La sensación de necesidad respecto al ejercicio es mucho menor que con la comida (no podemos dejar de comer pero sí dejar de movernos) y nos encontramos a diario con casi infinitas actividades que son capaces de aportarnos satisfacción sin ninguna necesidad de esfuerzo. El ciclo de motivación está demasiado ocupado activándose y funcionando con las señales que le llegan de otras fuentes. Y las interconexiones neuronales asociadas a la actividad física, a nuestra motivación hacia ella y a las expectativas de recompensa que nos puede generar, son prácticamente inexistentes.

Nuestra desmotivación por el ejercicio no puede ser mayor.

Motivándonos a cambiar

Como ya he comentado, debe quedar claro que el cambio de hábitos en temas de salud es algo realmente complejo, por algo sigue siendo una asignatura pendiente en muchas áreas de la medicina y la salud. Aunque entre la población en general y entre gran cantidad de políticos y gestores sigan predominando el desconocimiento y los mitos y prejuicios soportados sobre la fuerza de voluntad y las falsas simplificaciones (17). Pues bien, en las siguientes páginas vamos a intentar dar respuesta a parte de este vacío mediante la motivación, los deseos y necesidades, ya que la clave para iniciar y conseguir un cambio es estar motivado a hacerlo.

Para empezar, desde el punto de vista práctico, podríamos resumir lo que hemos ido conociendo sobre la motivación con los siguientes tres principios:

1. La motivación es lo que nos moviliza. Si hacemos algo es porque deseamos hacerlo, porque nos motiva.

2. Neurológicamente, algo nos motiva cuando nuestro cerebro segrega neurotransmisores que nos hacen desear realizar una acción y finalmente nos impulsan a ejecutarla, recibiendo como contraprestación cierta sensación de satisfacción por ello.

3. Psicológicamente, para crear un contexto de motivación hacia cierta actividad debe existir la posibilidad de que al realizarla se satisfagan ciertas necesidades: se dé respuesta a ciertos deseos básicos (*interés*), se perciba *autonomía*, sirva para explotar y

desarrollar el talento (*competencia*) y permita interactuar con otras personas y sentirse parte de un grupo (*relaciones*).

Si nos ponemos en el extremo contrario, la falta de motivación o desmotivación estaría explicada con la siguiente argumentación:

1. Si no hacemos algo, es porque no nos sentimos motivados a hacerlo.

2. Neurológicamente, algo no nos motiva porque no es capaz de generar ni desarrollar las condiciones neurobiológicas de deseo, movilización y satisfacción.

3. Psicológicamente, no sentiremos motivación hacia cierta actividad porque no nos ofrece la posibilidad de satisfacer ciertos deseos básicos (*interés*), no disponemos de *autonomía* para llevarla a cabo, no explota y desarrolla nuestro talento (*competencia*) o no nos permite interactuar con otras personas y ser parte de un grupo (*relaciones*).

Aplicando esta perspectiva de la motivación (y la desmotivación) al ámbito de la alimentación y el ejercicio hemos podido deducir que las sociedades desarrolladas y los entornos acomodados tienen un efecto secundario especialmente negativo para nuestra salud, porque por un lado nos motivan poderosamente a comer alimentos insanos y por otro nos desmotivan con la misma intensidad hacia los más saludables y hacia la práctica del ejercicio y la actividad física. Por lo tanto, si queremos recuperar la situación anterior, solo nos queda una opción: recuperar la motivación perdida. Con toda seguridad no es lo único que deberemos hacer y sin duda hay más factores y variables involucrados en la epidemia de enfermedades crónicas que vivimos, pero este enfoque puede ser especialmente importante y necesario (18). Aunque, paradójicamente, no se contemple en prácticamente ninguna intervención ni política sanitaria.

El resultado de este desinterés se traslada a una gran escasez de estudios que haya investigado sobre la mejor forma de utilizar las teorías de la motivación para el cambio de hábitos y mejora de la salud. La mayoría se han centrado en aplicar la hipótesis del balance energético e intentar reducirlo todo a una disminución de las calorías ingeridas y un aumento de las gastadas, pero tras años de intentos, cientos de ensayos y campañas realizadas en todo el mundo – y después de gastar ingentes cantidades de recursos en todo ello – los resultados significativos y relevantes no aparecen por ningún lado (19). A modo de ejemplo del fracaso, de los 11 millones de niños y adolescentes con obesidad que había en el mundo en la década de los 70, se ha pasado a 124 millones en el año 2016 (20).

Así que nos tendremos que conformar con los pocos estudios que hay sobre la influencia de la motivación en la mejora de la salud, lo que me obligará a recordarle con frecuencia que gran parte de los planteamientos que vamos a ver durante las siguientes páginas son hipótesis que todavía necesitan más evidencia.

El punto de partida se deduce directamente de todas las reflexiones incluidas en este capítulo. Para el cambio de hábitos basado en la motivación, las estrategias son fundamentalmente dos:

1. Elegir, diseñar o promover actividades que sean saludables y también capaces de satisfacer los deseos básicos y necesidades relacionadas con la motivación.

2. Para satisfacer deseos o necesidades concretos, es necesario facilitar contextos en los que se promuevan los tres pasos del ciclo de motivación (generación de señales, facilitar la ejecución, conseguir recompensa)

Y si por el contrario lo que se quiere conseguir es la desmotivación (como por ejemplo, por los alimentos poco saludables), lo que hay que intentar evitar es precisamente que estas dos circunstancias sucedan, creando un contexto en el que se "frenen" el ciclo de motivación.

Conviene también recordar toda la "artillería" que nos ofrece la ciencia de la motivación para dar respuesta a estos retos, que podría representarse como se muestra en la siguiente figura, con el ciclo de motivación:

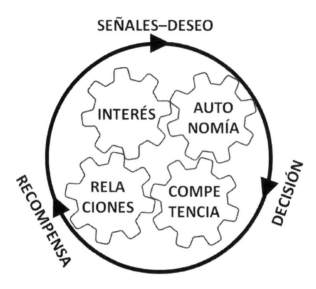

Al que podríamos sumar la tabla de los 14 deseos básicos:

Móvil	Nombre
1.Deseo de tener relaciones sexuales	Romance
2.Deseo de comer	Comida
3.Deseo de criar hijos	Familia
4.Deseo de hacer ejercicio	Actividad física
5.Deseo de reducir ansiedad y miedo	Tranquilidad
6.Deseo de recopilar y acumular	Ahorro
7.Deseo de organización	Orden
8.Deseo de aprobación	Aprobación
9.Deseo de seguir códigos éticos	Honor
10.Deseo de conocimiento	Curiosidad
11.Deseo de ganar	Ganar
12.Deseo de influir	Poder
13.Deseo de posición social	Estatus
14.Deseo de mejorar la sociedad	Idealismo

Pues bien, armados con todo ello vamos a trabajar por conseguir cambiar por tener una vida mejor, creando contextos que actuarán en tres ámbitos:

1. Desmotivación por los alimentos poco saludables y las actividades sedentarias.

2. Motivación por los alimentos saludables.

3. Motivación por el ejercicio.

Así que vamos allá.

Desmotivándonos por lo menos saludable

Para empezar a utilizar las herramientas de la motivación vamos a intentar reducir o eliminar la inclinación por todo aquello que sospechamos que está afectando negativamente a la salud. Desmotivarnos por lo no saludable. Y sin ninguna duda la batalla principal en este campo la tenemos que librar contra los alimentos ultraprocesados.

Le adelanto que no va a ser nada fácil. Como hemos mencionado, la industria alimentaria utiliza el marketing de forma muy eficaz y presenta sus alimentos altamente procesados acompañados de envases, afirmaciones e imágenes asociados a una buena salud. De esta forma, aunque todos conozcamos tanto los alimentos frescos como los ultraprocesados que hemos visto en páginas anteriores, acabamos confundidos y pensamos que algunos (o muchos) de estos últimos alimentos son razonablemente sanos. Y no es cierto.

Le pondré unos cuantos ejemplos: además de la lista de alimentos ultraprocesados que hemos visto al principio del capítulo (que conviene aprenderla rigurosamente e incluso tenerla siempre a la vista, en la cocina o a la hora de hacer la compra), debe saber que los siguientes alimentos también presentan un elevado grado de procesamiento y no han demostrado en ningún estudio o investigación ayudar a prevenir la obesidad ni enfermedades crónicas:

- Galletas de todo tipo supuestamente mejoradas, sin grasa, sin azúcar o fortificadas con algún componente (vitaminas, calcio, fibra, etc).

- Cereales de desayuno supuestamente mejorados y fortificados (fibra, vitaminas, calcio, etc.)

- Lácteos supuestamente mejorados o fortificados con algún componente (calcio, vitaminas, estanoles, etc.).

- Refrescos y bebidas sin azúcar, sin calorías o fortificados con algún componente (vitaminas, cafeína, taurina…)

- Zumos de frutas supuestamente mejorados, sin azúcar añadido o fortificados con algún componente (vitaminas, etc.)

- Embutido o fiambre supuestamente saludable (pavo, pollo, etc.), bajo en grasa o en sal o fortificado con algún componente.

- Panes o bollos no integrales y fortificados o mejorados con semillas, fibra u otros componentes.

Podríamos afirmar que todos ellos son alimentos muy probablemente insanos, disfrazados de alimentos sanos. Créame, aunque sus fabricantes recurran a afirmaciones supuestamente científicas, a certificaciones supuestamente prestigiosas y a palabrería supuestamente compleja e influyente, no hay ni un solo estudio que muestre que estos alimentos se asocian a una mejor salud a medio y largo plazo. Las razones no son sencillas de resumir, pero podríamos sintetizarlo diciendo que aunque en todos ellos se modifica alguna característica puntual que teóricamente podría aportar algún beneficio (menos sal, más fibra, menos azúcar, menos grasa, más vitaminas…), este cambio aislado no es en absoluto suficiente, ya que el alimento, en su totalidad, suele tener muchas más características, propiedades y componentes que lo hacen poco recomendable a largo plazo (incluida su elevada palatabilidad). Así que el balance final sigue siendo ampliamente negativo.

Imagino lo que puede estar pensando: si une esta lista de "insanos disfrazados" a la anterior de ultraprocesados, la relación final es muy larga. Y si aplica ambas rigurosamente, se va a quedar sin una parte muy importante de los alimentos que posiblemente consuma. Pues sí, en efecto, así es. Más adelante intentaremos encontrar soluciones a esta circunstancia.

Desde el punto de vista de la motivación y las necesidades, el saber identificar toda esta comida indeseable es un primer paso importante. Da respuesta a la necesidad de *autonomía*, ya que nos aporta criterios y conocimiento para ser conscientes de la situación real. Un punto de partida necesario para tomar decisiones autónomas, con convencimiento, basadas en datos e información objetiva. Y que también será fundamental para posteriormente planificar acciones y realizar los cambios dietéticos y conductuales necesarios.

Pero conocer al "enemigo" no es suficiente para desmotivarnos hacia su consumo, ni mucho menos. Es un primer paso imprescindible, pero no suficiente. Sabemos que esta comida no es nada recomendable y que sus vendedores nos intentan convencer de lo contrario, pero ¿qué más podemos hacer para desmotivarnos hacia su adquisición y consumo?

Como recordará, el comer durante mucho tiempo alimentos ultraprocesados ha sido capaz de intensificar excepcionalmente nuestro deseo básico de *comida*, sensibilizándonos hacia ese tipo de productos a base de años y años de "movimiento" del ciclo de motivación. Algo logrado mediante señales llamativas, comodidad y accesibilidad y una potente sensación de recompensa. Dado que, por razones de supervivencia, estamos especialmente diseñados para responder ante los alimentos, somos especialmente receptivos ante su presencia y asociamos su consumo a gran cantidad de situaciones, impulsándonos a tomar decisiones automáticas y desafortunadas en relación a la salud (21). Algo similar a lo que ocurre con los fumadores, que viven rodeados de innumerables señales, rutinas y costumbres que recuerdan y disparan sus deseos de fumar.

Los expertos todavía no tienen muy claro cómo abordar esta problemática en el ámbito alimentario. Hay propuestas como el *neurofeedback,* una técnica basada en permitir al paciente la visualización en tiempo real de su actividad neuronal, para intentar que él mismo provoque cambios en dicha actividad dirigidos a potenciar o reducir comportamientos o sensaciones, como el tomar decisiones más recomendables, sentir predilección por ciertas cosas o resistir mejor la tentación. O el *Approach Avoidance Training,* un aprendizaje para fijar un reflejo de rechazo hacia los alimentos poco saludables. Pero en el momento de escribir estas líneas no son más que propuestas sin evidencias suficientes, que no han sido capaces de demostrar resultados clínicos significativos y duraderos (22). Quizás en el futuro este tipo de ideas puedan ser útiles para luchar contra la programación del deseo por ciertos alimentos.

Un punto de referencia para abordar todo este problema puede ser el tratamiento de las adicciones. Y desde este punto de vista, la solución más habitual para reducir la motivación y normalizar la situación del cerebro y su hipersensibilidad hacia estos estímulos es dificultar los tres pasos del ciclo de motivación. Es decir - utilizando la analogía del ciclo - hay que trabajar por "frenar" su inercia (23).

Hay medicamentos que se utilizan en este sentido, reduciendo la sensibilidad u ocupando de los receptores neuronales que crean la sensación de deseo, pero son los médicos quienes deben recetarlos y no es el objetivo de este libro entrar en este tipo de enfoques. Desde la perspectiva únicamente conductual, para actuar sobre los tres pasos del ciclo hay que intentar bloquearlos: eliminando las señales, dificultando la ejecución de comportamientos de compra y consumo y reduciendo (e incluso evitando) los "chutes" de satisfacción. Que en la práctica se consigue con estrategias de abstinencia, es decir, aislándose de las señales, y manteniéndose alejado de cualquier fuente o entorno en los que haya este tipo de alimentos.

Volviendo al paralelismo de las adicciones, no es necesario entrar en detalles sobre lo difícil que suele ser abordar este proceso de aislamiento. En el caso de las drogas, las posibilidades de recaída son enormes y ocurren con mucha frecuencia. Las personas que se someten a procesos de desintoxicación suelen sufrir dificultades sobradamente conocidas para abandonar estos hábitos. La problemática es muy compleja, pero probablemente una de las claves más importantes está precisamente en lo difícil que es "debilitar" las interconexiones que mantienen en marcha el ciclo de motivación. Con frecuencia el entorno psicosocial, lleno de señales, contextos y hábitos capaces de provocar oleadas de dopamina, es un obstáculo casi insalvable. Las conexiones que se han ido forjando durante tantos años, relacionadas con prácticamente cualquier comportamiento del día a día, son tantas y tan sólidas, que es prácticamente imposible neutralizarlas. Incluso en el caso de adicciones muy extendidas y socialmente más aceptadas - como la del tabaco - los afectados deben enfrentarse una y otra vez a sus respuestas fisiológicas y a las oleadas de dopamina que les provocan las situaciones que les recuerdan el hábito de fumar. Algunas de ellas especialmente traicioneras – como el salir una simple noche con los amigos – meses o años después de desengancharse, cuando parece que la adicción ha sido superada. Basta que las señales aparezcan en un mal momento, por ejemplo cuando alcohol ha reducido la capacidad inhibitoria, para encontrarse ante una recaída que pondrá de nuevo e inmediatamente en marcha el ciclo de motivación. Y habrá que volver a empezar.

Volviendo a la alimentación, insisto en que es probable que no sean 100% equiparables la adicción a sustancias y el deseo de comer alimentos ultraprocesados, pero también es muy posible que tengan aspectos en común. Y si con las sustancias el aislamiento es prácticamente imprescindible, parece obvio que también convendría utilizar esta estrategia con los alimentos ultraprocesados, apetecibles y muy sabrosos. Es importante mantenerse bastante alejado de ellos.

¿Y cuál es la mejor forma de hacerlo? ¿Es más recomendable un aislamiento radical o algo más progresivo? ¿Hay que ser drástico con todos los alimentos procesados o solo con los que tienen más potencial de reforzar el ciclo de motivación y que deseamos con más intensidad? De nuevo no hay respuestas ni certezas. No hay estudios ni ensayos que se hayan desarrollado en este sentido, que permitan orientar a las personas y a los profesionales sanitarios en sus intervenciones contra los alimentos poco saludables. Así que cada uno debe intentar dar con la estrategia que mejor le funcione. Es decir, no le quedará más remedio que desarrollar su *autonomía* y realizar un plan para alejarlos de su alcance.

Si a la hora de pensar en cómo progresar en todos estos cambios la eliminación de la mayor parte de alimentos altamente procesados le parece un cambio demasiado drástico, también puede seguir un proceso más gradual. En primer lugar, se podría intentar identificar los que más "aceleran" el ciclo de motivación, es decir, aquellos que con cierta frecuencia más intensamente se desean, incluso cuando se ha comido hace poco. O aquellos que echamos especialmente de menos cuando sentimos cierto grado de ansiedad o nerviosismo y que solemos llegar a comer de forma descontrolada y excesiva. Podríamos denominarlos como los más "adictivos".

Los estudios indican que, aunque también dependen de la cultura alimentaria de cada caso, suelen ser alimentos que mezclan en cantidades importantes azúcar, grasas y sal, que se digieren y metabolizan con rapidez y que aportan sabores y sensaciones muy intensas y placenteras. Los que suelen aparecer en primer lugar suelen ser los dulces, chocolates, bollos, galletas, helado y postres. Seguidos de cerca por los salados, tales como snacks, patatas chip o fritas, aperitivos de maíz y patata, galletitas, etc. En tercer lugar estaría la que suele llamarse "comida preparada" (*convenience food*), como la pizza, precocinados-rebozados, etc, seguidos de todo tipo de bebidas azucaradas o edulcoradas, desde las tradicionales hasta las "energéticas" o los lácteos "bebibles". Y también, para cerrar esta lista, en función de la tradición alimentaria (la diversidad a nivel mundial es muy elevada) podríamos añadir algunos platos de pasta, el pan, el arroz y el queso (24).

Tras esta identificación de "sospechosos", podríamos pensar en la fase más complicada, el dejar de comerlos. En este sentido puede haber diferentes niveles de rigurosidad:

1. Eliminación de solo los más "adictivos", capaces de provocar la pérdida de control e intensas sensaciones de deseo.

2. Eliminación de prácticamente todos los ultraprocesados, pero manteniendo excepciones puntuales con algunos pocos que dan placer pero se puede mantener una ingesta pequeña y controlada. Por ejemplo, un poco de chocolate puro a modo de postre o algo de pizza en las fiestas especiales (25)

3. Eliminación radical y absoluta de todos los ultraprocesados.

Evidentemente, lo ideal sería no tener que recurrir a la tercera opción, la más radical, porque no va a ser nada fácil de mantenerla en el tiempo. Pero quizás en algunos casos haya que hacerlo, ya que para algunas muchas personas el riesgo de recaída es un factor a considerar, sobre todo si el ciclo de motivación está muy consolidado. Es algo que ocurre con personas que han sufrido el tabaquismo o el alcoholismo y que podría estar también detrás del elevado índice de abandono de muchos tipos de intervención dietética.

De cualquier forma, hay que resaltar que sea cual sea la opción elegida, hay que aplicarla a todos los lugares, momentos y contextos en los que estamos en contacto con los alimentos. Especialmente a la hora de comer (en casa o restaurantes) y al hacer la compra, pero también a la hora de organizar y gestionar la cocina, nevera y despensa. E incluso a la hora de ver televisión o utilizar otros medios de comunicación, donde la publicidad de alimentos poco saludables es continua y muy persuasiva. Las interacciones que tenemos son muchas más de las que imaginamos y cuanto menos contacto tengamos con estos alimentos en todas esas situaciones, mejor.

En el último capítulo puede encontrar un cuestionario con propuestas más concretas y realistas en este sentido, basado en investigaciones de laboratorio sobre este tema, que pueden ayudarle. Si le es posible mantener esta situación el tiempo suficiente, su cerebro poco a poco podrá ir retornando a su situación de "normalidad", volviéndose menos receptivo a las señales de estos alimentos, sintiendo menos deseo por ellos y acostumbrándose a vivir sin la necesidad de subidones de satisfacción cada poco tiempo.

Pero no se confíe, recuerde que los exfumadores o exbebedores al menos tienen la posibilidad de moverse por espacios prácticamente libres de estas sustancias, gracias a las leyes aprobadas en este sentido, pero todavía los gobiernos prácticamente no han empezado a legislar contra la omnipresencia de los alimentos no saludables. Para dificultar más la situación, hay que recordar que estamos hablando de comer, algo que es necesario para la vida y que jamás podremos abandonar totalmente. Un fumador puede confiar en no tener necesidad de enfrentarse a este hábito en mucho tiempo, pero una persona tendrá que comer varias veces al día durante toda su vida, paseándose irremediablemente por el filo de los recuerdos y las señales de alimentos poco saludables.

Desmotivándonos por el sedentarismo

Respecto a la desmotivación por las actividades sedentarias, el panorama también se presenta complicado. Como antes hemos explicado, la realidad es demasiado atractiva y placentera. Un potente y atractivo vehículo de gama alta, un juego de consola u ordenador de última generación, un confortable despacho y un buen sillón en el trabajo, una espectacular televisión en frente de un cómodo sofá... todas estas situaciones y recursos ayudan a reducir movimientos y esfuerzos y contribuyen a que podamos tener una vida más cómoda. Y también a que las elecciones más sedentarias resulten especialmente frecuentes.

Así que, una vez más, la única solución que puede tener ciertos visos de éxito es dejar "sin gasolina" al ciclo de motivación, es decir, identificar los elementos más atrayentes o satisfactorios e intentar eliminarlos, cambiarlos o sustituirlos. Siendo realistas, tampoco se trata de convertirse en un ermitaño, en un marginado tecnológico ni de llegar a posturas demasiado radicales y forzadas. Se trata sobre todo de eliminar lo más superfluo, lo que realmente no nos produce tanto placer, incluso al contrario, más bien es fuente de frustración e incluso arrepentimiento.

Por ejemplo, es posible que no suframos demasiado si guardamos la consola de videojuegos en un armario, para que no esté tan a mano. O si quitamos la televisión del dormitorio es posible que la angustia por su desaparición no dure más que un par de días e incluso retomemos el gusto por leer en la cama y durmamos mejor. O si cambiamos nuestra televisión por una más pequeña, modesta y con menos canales seguro que también sobrevivimos... al menos durante varias semanas.

Todo ello podríamos complementarlo con algunas iniciativas que nos obliguen a movernos un poco, tales como alejar algunos recursos en el trabajo (impresora, teléfono, mesa reunión...) o adquirir un garaje algo alejado de casa (que nos obligue a andar un rato).

De cualquier forma, para ser honestos, lo cierto es que es poco probable que con este tipo de iniciativas se consigan resultados mínimamente relevantes. Los estudios indican que para que la actividad física tenga efectos beneficiosos significativos para la salud debe tener cierta duración e intensidad, algo difícil de conseguir con consejos tan minimalistas como los anteriores (26). Así que el trabajo principal y constructivo deberá estar centrado en intentar aumentar la motivación por el ejercicio, como veremos en próximas páginas.

A pesar de todo, una reflexión en el ámbito del sedentarismo es bastante aconsejable, sobre todo para poder ser realmente conscientes de la estática realidad en la que estamos inmersos. Y para identificar con detalle las actividades sedentarias que resultan especialmente motivadoras, para posteriormente poder pensar en cómo podemos deshacernos de ellas o minimizarlas de nuestro entorno.

Llegados a este punto, es probable que todo esto le resultando menos atractivo de lo que esperaba. Este libro trata de la motivación y resulta que las primeras directrices que se presentan son las típicas restricciones, en la dieta y en las comodidades. Un enfoque nada motivador, desde luego.

Pero le ruego que no se desanime y que siga leyendo. Sé que empezar así no es nada atractivo, pero debe recordar que no se trata de tener fuerza de voluntad para saber decir "no" ante las tentaciones, sino de modificar el entorno para que simplemente esas tentaciones no estén ahí. O para que su presencia sea mucho menor. En este libro en ningún caso vamos a apelar a la fuerza de voluntad de nadie. Según los estudios es más inteligente y efectivo apelar a la *autonomía*, para así poder pensar y decidir por uno mismo cómo se puede poner distancia con todo aquello que realmente no mejora nuestra vida, más bien al contrario.

Y además, lo mejor está por llegar. La idea es que todos estos cambios se vean compensados con otras iniciativas que nos llevarán a sentirnos motivados por otras cosas que también nos produzcan placer y satisfacción. Y que una vez finalizado el proceso completo, el balance final sea positivo; que mirando en retrospectiva, usted pueda decir que vive mejor y es más feliz.

Motivación por comer saludable

El mantenerse alejado de la comida altamente procesada durante un tiempo es posible que sirva para reducir la sensibilidad hacia sus señales y su deseo. Pero si el deseo básico de *comida* ha llegado a alcanzar un protagonismo importante en nuestra motivación, lo habitual es que esa relevancia se mantenga, incluso de por vida. Y dado que no vamos a poder contar con los alimentos ultraprocesados para satisfacer los deseos que sintamos en este sentido, no queda otro remedio que aprender a valorar a los verdaderos protagonistas, los alimentos frescos. Hay que conseguir que sean capaces de tomar el relevo de los procesados, reforzando las interconexiones neuronales que forman parte del ciclo de motivación y que están asociadas a la comida sana. Creando un contexto en el que se promuevan los tres pasos del ciclo, la presencia de señales, favoreciendo accesibilidad que faciliten su elección y consiguiendo una recompensa final. Haciendo justo lo contrario a lo que hemos hecho con los alimentos insanos.

La mala noticia es que, una vez más, no disponemos de protocolos rigurosos y contrastados para abordar este reto con cierta probabilidad de éxito. Supongo que los fabricantes de alimentos procesados no tienen ningún interés en financiar este tipo de investigaciones y los gobiernos y autoridades sanitarias todavía están despistadas o lejos de llegar a este punto. Así que tendremos que conformarnos con intentar interpretar y extrapolar los resultados de los estudios sobre la capacidad de la motivación para promover cambios de hábitos alimentarios, que en principio son positivos y prometedores (27).

Desde el punto de vista del ciclo de motivación, de las señales y de la disponibilidad, en el caso de los ultraprocesados hemos centrado la estrategia en hacerlos desaparecer de nuestro entorno. Pues bien, en este caso tenemos que hacer exactamente lo opuesto, llenar nuestra despensa y nuestra nevera con alimentos frescos. Sin excesos, pero con generosidad. Se trata de que tengamos a mano y a la vista siempre este tipo de productos, facilitando la llegada de sus señales a nuestro cerebro para darnos probabilidad de sentir atracción por ellos, sin la odiosa (y peligrosa) comparación de los ultraprocesados. De nuevo el cuestionario del último capítulo puede serle útil, ya que también incluye una buena cantidad de sugerencias relacionadas con esta estrategia de acercamiento a los alimentos sanos.

Pero además de las señales y la disponibilidad, necesitamos algo más para que nuestras neuronas del ciclo de motivación sean capaces de ir reforzando las interconexiones asociadas a los alimentos frescos. Necesitamos placer y satisfacción, así que vamos a tener que trabajar por potenciar su capacidad de recompensa.

Posiblemente esta sea una de las razones por las que la mayoría de las dietas fallan. Si nuestro cerebro ha llegado a estar programado con las expectativas de los alimentos ultraprocesados, diseñados para resultar deliciosos y deseables, una dieta baja en sal, baja en grasas, baja en azúcar y con una palatabilidad más bien pobre tiene la batalla perdida antes de comenzar el combate. ¡Bastante duro es desengancharse de los placeres de la comida procesada como para sumarle el desencanto de una dieta monótona e insípida! Si el deseo de comida es intenso - y para muchas personas con sobrepeso lo es - es necesaria una dieta satisfactoria y placentera, de lo contrario el riesgo de abandono será muy elevado.

¿Y cómo se consigue que los alimentos frescos nos den placer? No le voy a descubrir ningún secreto, porque conoce perfectamente la respuesta: cocinándolos bien, con dedicación, con conocimiento. Dominando la compra de ingredientes, su combinación y preparación, las técnicas y los tiempos. En definitiva, creando platos apetitosos y apetecibles.

Imagino las pegas que inmediatamente se le ocurren: "*¡Pero si no tengo tiempo!*"; "*¡Pero si no sé cocinar!*". De acuerdo, pero siento decirle que no tenemos otra opción. Cada día hay más evidencias de que los productos frescos y cocinados tradicionalmente en casa se asocian a mejores indicadores de salud, así que necesitamos que nuestro ciclo de motivación vuelva a activarse con las sensaciones que nos producen. Y esas sensaciones hay que trabajárselas, porque es probable que durante mucho tiempo hayan estado ocultas bajo los excesos de la comida ultraprocesada.

Pero hay algo más. Hasta ahora, al hablar de la motivación y los alimentos nos hemos centrado en el deseo básico de *comida*, que se enmarca dentro de la necesidad de *interés*, que sin duda es el prioritario cuando se habla de la motivación por alimentarnos. Pero es muy posible que los esfuerzos por valorizar los alimentos frescos desde esta perspectiva no sean suficientes y no sean capaces de conseguir movilizarnos y satisfacernos, a nivel de palatabilidad, elevadas expectativas y recompensa intensa e inmediata, de la misma forma que lo hacen los ultraprocesados, ya que éstos últimos han sido diseñados precisamente para eso.

Así que es momento volver a la perspectiva completa del ciclo de la motivación. Si nuestra relación con los alimentos no procesados es enriquecedora en diversos sentidos y está adecuadamente enfocada, podrá satisfacer no solo el deseo básico de *comida*, también será capaz de dar respuesta a otras necesidades y deseos, de forma que la suma total se agregue a la inercia del ciclo (28). Incluso puede tener posibilidades de igualar y superar a la adictiva motivación por los alimentos ultraprocesados.

En ese sentido, la *autonomía* es una de las necesidades más importantes. Como hemos dicho en capítulos anteriores, en la práctica se traduce en *"ser capaces de establecer metas, ejecutar acciones, comparar nuestro progreso y hacer modificaciones para la consecución de las metas"*. Y detrás de su existencia están los sentimientos de sentirnos dueños de nuestras decisiones, de saber lo que queremos conseguir, de ponernos objetivos, de planificar y ejecutar las acciones que decidamos y de lograr resultados. Necesitamos sentir todo eso, ya que es el esqueleto de nuestra identidad e individualidad como personas.

En ese sentido el hecho de saber cocinar es una herramienta muy útil. Es relativamente fácil establecer el objetivo (el plato final) y nos permite dominar todo el proceso: comprar alimentos saludables, elegirlos, seleccionarlos, llevarlos al hogar, transformarlos, mezclarlos, cocinarlos, siguiendo los pasos adecuados pero también atreviéndonos a innovar. Una meta poco habitual en una sociedad en la que solo una de cada diez personas disfrutan cocinando, a pesar de que vivimos en una época privilegiada para poder hacerlo, ya que los mercados están rebosantes de productos frescos e ingredientes (29). E internet es una fuente de información infinita con recetas, consejos y recomendaciones para cocinar.

Debe quedar claro que no estamos hablando de convertirse en un experto chef. Se trata de encontrar un equilibrio entre el tiempo disponible, el conocimiento necesario y los resultados conseguidos. En la medida en la que vaya aprendiendo a cocinar, sabrá cómo optimizar mejor los recursos. Incluso quizás hasta se decida a dedicarle más tiempo y se convierta en una actividad que le produce satisfacción.

La olla: *Una de las pegas de la forma de vida actual es la falta de tiempo para cocinar. Pero, en contraposición, también nos ha facilitado recursos que pueden convertir el proceso en algo rápido y con resultados satisfactorios. Como por ejemplo, la olla a presión*

Este sencillo y económico invento, patentado por un industrial zaragozano a principios del siglo XX, permite guisar alimentos en mucho menos tiempo que a presión normal, ya que alcanza temperaturas muy superiores. Es especialmente útil para cocinar todo tipo de legumbres, verduras o carnes con rapidez y de forma muy sencilla, dedicando a todo el proceso unos diez minutos de mano de obra.

Por ejemplo, puede introducir su legumbre preferida (tras una noche a remojo, si es necesario), junto con cualquier tipo de verdura (zanahoria, cebolla, puerro, pimiento...) o carne (cerdo, ternera...). Cubrirlo todo con agua y añadir sal y cuando llegue al punto máximo de ebullición dejar que cueza durante 5–20 minutos (deberá ajustar los tiempos dependiendo del producto, su olla y tipo de agua). Igualmente, puede guisar cualquier tipo de carne siguiendo un proceso similar, tras introducirla limpia y troceada (pollo, pavo, ternera, cerdo...) y añadirle un buen chorro de aceite de oliva, verdura de todo tipo y agua (o cerveza, vino blanco...).

El congelador: *En una olla a presión cuesta prácticamente lo mismo preparar 3 raciones de cocido o guisado que 6. Si preparamos siempre de más, podremos congelar el sobrante. Se conserva estupendamente (excepto cuando tiene patata) y evitaremos el tener que cocinar otro día.*

> **Verduras salteadas**: *Puede adquirir infinidad de verduras congeladas o en conserva (en este caso tendrá que escurrirlas bien) y prepararlas en 10 minutos, salteándolas sobre un buen chorro de aceite de oliva y ajo.*

> **Ensaladas placenteras**: *Motivacionalmente las ensaladas tienen mala prensa, ya que suelen ser poco satisfactorias a la hora de comerlas. Puede cambiarlo añadiendo a los vegetales otros ingredientes más apetecibles aunque también saludables: frutos secos, queso curado o fresco, conservas de pescado... échele imaginación, hay muchas opciones. Y si le apetece con una salsa sabrosa, puede preparar su propia mayonesa casera con un huevo, sal, vinagre y aceite. Es muy sencillo, tiene infinidad de vídeos en internet explicando cómo prepararla en tan solo un minuto.*

Si su pericia llega a un grado importante (algo que no es difícil, todo sea dicho), es posible que además de la necesidad de *autonomía* se empiece a satisfacer la de *competencia*. Puede empezar a sentirse especialmente orgulloso de su versatilidad en la cocina o de cómo prepara algunos platos en especial, sobre todo si suele compartirlos con otras personas, que casi con seguridad le reconocerán el buen trabajo realizado dando buena cuenta de él.

Además de la *autonomía* y la *competencia*, es interesante trabajar por satisfacer la necesidad de *relaciones*. No solo porque puede ser un aspecto más que facilite la motivación por los alimentos sanos, sino porque nuestra necesidad de relacionarnos suele desbaratar los planes para comer saludable. Prácticamente no hay celebración o momento de reunión por algo positivo que no acompañemos de comida y bebida, normalmente comida insana y muy procesada. Desde niños se nos inculca esta mala costumbre, ya que no hay cumpleaños infantil que no esté repleto de basura alimentaria. En este tipo de situaciones las presiones por saltarnos todas las directrices suelen ser insoportables, así que conviene ser realista y constructivo y aceptar estas celebraciones como lo que son, excepciones. Sin obsesionarnos, pero sin dejar de ser coherentes con nuestras ideas, en la medida en la que podamos. Llevando alimentos sanos y apetecibles (si nos lo permiten), aunque sin intentar convencer a nadie de nada, ya que el efecto en esas situaciones suele ser contraproducente (y uno se arriesga a que le califiquen como intolerante o radical e incluso se inclinen por no invitarle a futuras reuniones).

Por todo ello la satisfacción de la necesidad de *relaciones* desde los alimentos saludables no es tarea fácil, ya que las personas asociamos el estar juntos al consumo de alimentos insanos. Una opción obvia sería la de compartir de vez en cuando (incluso fuera de celebraciones) la comida sana que preparemos con gente de nuestro entorno. Si les resulta sabrosa lo agradecerán y es posible que sirva para mejorar nuestras interacciones con ellos.

Pero se puede ir incluso más allá; hay una buena cantidad de personas que consiguen círculos de amistades gracias a nuevos enfoques en este sentido. En cursos de cocina, en foros de internet, en grupos con afinidades comunes (vegetarianos, comida ecológica…) se puede conocer gente muy interesante. Así que conviene estar atento en este sentido. Y si usted tiene oportunidad de elegir las personas con las que come habitualmente y existe la posibilidad de estar con quienes tienen costumbre de tomar alimentos saludables (y que no sean demasiado puntillosos ni obsesivos, claro), se sorprenderá del efecto positivo que ello puede tener en sus hábitos. Se sentirá entendido y apoyado y mucho más cómodo.

Para finalizar, nos queda por analizar el potencial de motivación hacia los alimentos saludables y el cocinado que pueden tener el resto de deseos básicos del elemento *interés*. Si ya sabemos cuáles de estos deseos son especialmente importantes para nosotros (lo cual podemos hacer mediante el cuestionario correspondiente del último capítulo), tendremos oportunidad de explorar las posibilidades de su satisfacción.

A continuación tiene unos cuantos ejemplos en este sentido:

Familia: Si la crianza de los hijos es un móvil poderoso, el ofrecerles comida basada en alimentos frescos y preparada por nosotros, que favorezca su salud presente y futura, puede ser un elemento de motivación muy relevante.

Orden: Una buena gestión de la despensa, la nevera y las compras requiere de especial dedicación en el caso de la comida no procesada, ya que suele caducar con rapidez y exige una rotación bastante frecuente. Las personas que valoran especialmente el orden pueden encontrar en esta actividad un reto interesante.

Aprobación: Si bien un deseo intenso de *aprobación* suele ser peligroso dietéticamente hablando, porque puede impulsar a actuar de forma poco adecuada llevados por el deseo de no sentir rechazo (por ejemplo, comiendo mucha comida insana en una fiesta o bebiendo mucho alcohol), en el otro extremo, cuando el entorno hay personas que son "pro–alimentos sanos", el resultado podría resultar positivo.

Honor: Si alguien que valora especialmente los códigos éticos y las normas ha llegado a comprender la importancia de evitar los alimentos ultraprocesados y priorizar los productos frescos, puede llegar a interiorizar estas recomendaciones como reglas y directrices que deben ser seguidas y que pueden transmitirle cierta serenidad y bienestar.

Curiosidad: A veces las personas más curiosas pueden tener la costumbre de comer mal, ya que no suelen considerar esta actividad como un tema especialmente motivador (a veces presentan un deseo básico de *comida* poco intenso). Esto se podría reconducir haciéndoles ver que gracias a la gran cantidad de alimentos disponibles en la actualidad y al amplio conocimiento que existe sobre la tecnología y preparación de los alimentos – una cocina podría considerarse un laboratorio casero– este campo puede darles bastantes sorpresas y aportarles descubrimientos inesperados.

Poder: El ser capaz de dominar los ingredientes y los procesos de preparación de la comida puede ayudar a alguien a sentir que es capaz de influir sobre un colectivo de personas para que coman de cierta manera: "A*quí se come lo que yo digo*". Si esta situación se acompaña con una poderosa interiorización de la relevancia de los productos frescos, se pueden estar matando dos pájaros de un tiro: satisfaciendo el deseo de *poder* e influyendo por implementar un buen hábito.

Idealismo: Los alimentos poco procesados, sobre todo los vegetales, suelen ser vistos como más respetuosos con el medioambiente, generadores de menos residuos y menor gasto energético, socialmente más responsables y con menos relación con las grandes industrias alimentarias. Este enfoque podría motivar a las personas con un potente deseo de *idealismo*.

Como puede observar, hay muchas opciones para promover la motivación por una actividad como la compra, preparación y consumo de alimentos saludables cuando se tienen en cuenta todos los deseos básicos y las necesidades. Y cuantas más iniciativas se pongan en marcha, más probabilidades habrá que la motivación conseguida con todas ellas llegue a una dimensión relevante.

Y, evidentemente, no solo se puede hacer con la comida.

Motivación por el ejercicio

Como ya hemos comentado, el deseo básico de *ejercicio* suele ser mucho menos poderoso que el de *comida*, así que todo lo que se aborde desde el punto de vista del ciclo de motivación para la reprogramación de las neuronas especializadas en la movilización en este sentido tienen menos probabilidades de conseguir resultados importantes. Además de la dificultad de alejarse de las actividades sedentarias y satisfactorias, hay que lidiar con la realidad de que, fisiológica y genéticamente, tenemos poca predisposición a sentir una necesidad de poner a prueba los músculos una y otra vez.

Pero eso no significa que no sea posible, sobre todo si existe cierta predisposición a sentirse especialmente atraídos por el deporte (algo que ocurre en bastantes personas, pruebe a hacer memoria y a intentar recordar si había alguna actividad deportiva que le generara cierto interés en el colegio, aunque fuera mínimamente, cuando todavía sus neuronas no habían sido reprogramadas). Si se facilita la exposición a las señales que se pueden asociar con el ejercicio, preferiblemente relacionadas con sensaciones placenteras, se podría al menos desbloquear el ciclo. Posteriormente veremos cómo moverlo y acelerarlo con otras estrategias.

Una vez más, le tengo que confesar que las evidencias y los buenos estudios sobre cómo conseguir la motivación hacia la actividad física son muchos menos de lo que sería deseable. Pero es lo que hay, así que con eso tendremos que trabajar. Tendremos en cuenta sus resultados y junto con los planteamientos teóricos globales, propondremos directrices y recomendaciones generales que cada uno puede adaptar a sus circunstancias (30).

Si como primer paso lanzarse a practicar deporte le parece excesivo, es posible comenzar por algo de sensibilización, buscando la posibilidad de desbloquear el ciclo de motivación. Recordando que nuestro cerebro es especialmente sensible a las señales visuales, se podrían favorecer contextos en los que se puedan ver escenarios o situaciones (incluso algo idealizadas) de este tipo: pasear por zonas en la que haya gente corriendo o andando en bicicleta (afortunadamente, cada día hay más); preparar un rincón en casa, junto a la ventana, en el que podamos ver el cielo, el mar, una montaña o un parque y en el que nos sentemos de vez en cuando para recordar que hay gente que anda por esos lugares; salir con frecuencia al exterior y exponerse (sin excesos) a la luz solar; visitar tiendas de ropa y complementos deportivos; acudir a eventos deportivos (mejor en persona y sobre todo a aquellos en los que lo importante es disfrutar con el espectáculo, no que nuestro equipo gane)... Puede reflexionar sobre cuál es el escenario que más le inspira en este sentido y establecer rutinas agradables (paseo, lectura, descanso, compras, ocio...) para "sumergirse" en él.

Pero la verdad es que si el deporte no es lo suyo, las probabilidades de conseguir resultados significativos y "activar" el deseo básico de *ejercicio* de esta forma son pocas.

Pasemos entonces a la parte más interesante y con más posibilidades, centrándonos en el ciclo de la motivación. Al igual que hacíamos con la comida, hay muchas oportunidades para conseguir que la actividad física y el deporte contribuyan a satisfacer otros deseos básicos y necesidades. En el caso de los deseos básicos, una vez más, conviene centrarse en los prioritarios, pero como el objetivo final es conseguir la motivación a base de sumar pequeñas contribuciones, también las aportaciones a deseos básicos menos prioritarios pueden ser útiles.

Aquí tiene unos cuantos ejemplos:

Romance: ¿Sabía que hay una cantidad significativa de parejas que se han conocido practicando algún deporte? Y si ya tiene sus necesidades cubiertas en ese sentido, tampoco está de más saber que la práctica del ejercicio se relaciona con una vida sexual más completa y satisfactoria (31)

Familia: Salir frecuentemente a hacer ejercicio con los hijos es algo que ellos nunca olvidarán. Pero además será bueno para la salud de todos.

Tranquilidad: Para algunas personas el salir a hacer ejercicio, sobre todo al aire libre y en un entorno natural, es un momento especial de tranquilidad y relax, que ayuda a despejarse de preocupaciones y facilita la reflexión.

Aprobación: Si este deseo es especialmente movilizador, el integrarse en un grupo de personas aficionadas a algún tipo de actividad – andar por el campo, jugar partidos, salir a correr – puede ser un buen impulsor para aumentar la actividad física.

Ganar: Las personas en las que este deseo básico es predominante suelen ser muy competitivas y se sienten muy motivadas ante competiciones y enfrentamientos. No es necesario explicar cómo asociar la práctica deportiva a algún tipo de competición, desde las personales (mejora de marcas o tiempos) hasta las relacionadas con otras personas o equipos, que son las que más movilización suelen provocar en este perfil. En este caso es especialmente importante una adecuada (y personalizada) gestión de los objetivos (siguiendo las recomendaciones del capítulo anterior), para que resulten especialmente retadores.

Poder: En los deportes de equipo es habitual la existencia de encargados, capitanes o líderes, que asumen responsabilidades extra y dirigen o coordinan estrategias y acciones. Si se llega a un buen nivel de competencia deportiva, la posibilidad de acceder a este tipo de roles puede ser atractiva para quien le motiva la posibilidad de influir a otros.

Estatus: La práctica de ciertos deportes (golf, hípica, polo, vela…) se suele asociar a un estatus elevado, normalmente porque requieren de infraestructuras o recursos que suponen costes importantes. Así que si este deseo básico es predominante, hay personas que pueden sentirse motivadas a su práctica por esta razón.

Idealismo: Las personas que desean mejorar la sociedad con frecuencia son firmes defensoras de la sostenibilidad y el medioambiente. Dado que el transporte, sobre todo el coche, es uno de los principales focos de contaminación, esta motivación puede ayudarles a sentirse motivados por desplazarse con más frecuencia caminando o a un mayor uso de la bicicleta.

Tras este repaso al *interés* y los deseos básicos, vamos a ver cómo el ejercicio puede ser una buena herramienta para dar respuesta al resto de necesidades, la *autonomía*, la *competencia* y las *relaciones*. Una vez más, crear un contexto en el que se puede favorecer su satisfacción teniendo a la actividad física como protagonista, puede ser una estrategia que permita ir acumulando la suficiente cantidad de motivación.

En lo que respecta a la *autonomía*, conviene destacar que el ejercicio tiene un efecto positivo directo en la sensación de control del cuerpo, por lo que su influencia en esta necesidad puede ser especialmente poderosa. Muchas personas con sobrepeso sufren una elevada insatisfacción en este sentido y con frecuencia se sienten como encerradas en un "caparazón" molesto y con el que no se identifican (32). Independientemente de si se consigue adelgazar o no, el hecho de ser capaz de volver a tener capacidades físicas que se consideraban perdidas y de poder realizar actividades y movimientos que requieren cierto esfuerzo puede ser una sensación muy positiva y persuasiva, directamente relacionada con una necesidad de *autonomía* fundamental, la relacionada con nuestro propio cuerpo.

Desde un punto de vista más general, la forma más obvia de fomentar la *autonomía* y comenzar a decidir en este tema es el proceder a buscar y elegir un deporte o actividad, para intentar dar con aquella que resulte más atractiva. En función de las preferencias, se puede intentar con las más clásicas (andar, correr, bicicleta, nadar, baile, pesas, tenis, golf…) o las más actuales (nordic walking, pilates, padel, crossfit…). Afortunadamente, hoy en día las posibilidades son muchas. Y tampoco sería la primera persona que descubre en su madurez que cierto deporte le resulta especialmente satisfactorio. La forma más directa de hacerlo es conociendo las características, reglas y principios de cada una de ellas y atreviéndose a probarlas.

Para reforzar la respuesta a esta necesidad también puede ser importante conseguir conocimiento sobre educación física en general, que permita entender el efecto detallado en el cuerpo, y sobre la práctica deportiva preferida en particular, para conocer y dominar las variables que influyen en su evolución. De esa forma, se podrán comprender mejor las barreras y oportunidades que irán apareciendo y se sabrá cuál es la mejor forma de ponerse objetivos, realizar seguimiento de los mismos y abordar los cambios necesarios para conseguirlos. Gracias a internet y a la digitalización, es relativamente sencillo conseguir información sobre todos los ámbitos relacionados con la actividad física: fisiología, salud, alimentación, desarrollo muscular, entrenamiento… Desde libros especializados hasta divulgadores muy competentes y rigurosos, que mediante blogs, redes sociales o vídeos comparten conocimiento muy interesante y valioso.

Todos estos aspectos son igualmente aplicables cuando se recibe apoyo y feedback de entrenadores o monitores, algo que ocurre con mucha frecuencia en el deporte (33). Lamentablemente, estos especialistas no siempre suelen estar capacitados para utilizar técnicas que promuevan la *autonomía* y con frecuencia se inclinan por centrarse mucho en la técnica y poco en el desarrollo personal y la motivación. Además, suelen tener estilos autoritarios o, en el otro extremo, bastante paternalistas.

> *Para dar feedback como entrenador y promover la autonomía, se pueden seguir seis sencillas directrices basadas en la ciencia (34):*
>
> *1. Ser empático. Apreciar el esfuerzo e intentar entender los sentimientos.*
>
> *2. Dar opciones para elegir.*
>
> *3. Ayudar a establecer objetivos alcanzables y claros.*
>
> *4. No hacer valoraciones ni juicios personales*
>
> *5. Aportar trucos y consejos.*
>
> *6. Utilizar una comunicación y tono de voz respetuosos.*

También es posible apoyarse en accesorios e instrumentos para gestionar los datos y la información, que ayuden a tomar decisiones y hacer seguimiento de los objetivos. Hay recursos en forma de aplicaciones de móviles, pulseras deportivas, brazaletes o similares. Según los estudios, este tipo de gadgets no suelen ser especialmente útiles para generar la motivación por el ejercicio en gente desmotivada, incluso al contrario. Pero sí pueden potenciarla y mejorarla, ayudando a aumentar su cantidad y efectividad, en caso de que ya exista cierto grado de motivación (35).

De cualquier forma, debe quedar claro que tampoco es necesario convertirse en un experto, ni mucho menos. Se trata de cultivar el conocimiento necesario para autorregular la actividad física, que permita sentir que se controla la situación, adaptándose a las necesidades de cada persona en este sentido. En el último capítulo puede encontrar un ejemplo de cuestionario de autonomía percibida que puede servir para evaluar esta circunstancia.

Desde la perspectiva de la *competencia*, la aportación del ejercicio y el deporte es clara y en este caso está bastante solapada con todo lo que hemos hablado en *autonomía*. Como ya hemos mencionado, se trata de encontrar el ejercicio o deporte para el que se está mejor dotado (y entre las múltiples posibilidades existentes, hay elevadas probabilidades de encontrar alguna opción). De esa forma se van a poder conseguir resultados importantes, lograr objetivos y superar marcas. E incluso vencer en algunas competiciones o torneos. Una vez más, no es necesario convertirse en un atleta de élite, ni mucho menos, sino de sentir que se mejora y de alcanzar buenos resultados utilizando nuestro propio cuerpo. Así que es importante intentar investigar y probar todos los deportes o actividades que sean necesarios, hasta dar el que más potencial tenga para explotar al máximo nuestras capacidades.

También la necesidad de *relaciones* se puede ver notablemente satisfecha gracias al ejercicio, sobre todo el ámbito de pertenencia a un grupo, el deseo de cuidar a otros y sentirse cuidado. Los deportes de equipo son enormemente eficaces en este sentido, ya que permiten trabajar conjuntamente, colaborar y alcanzar metas de forma compartida. Y también celebrarlo como es debido, claro. Incluso en grupos que no compiten con otros grupos, como por ejemplo los que salen en bicicleta o hacen caminatas por la montaña, se consiguen estas agradables sensaciones. Si usted tiene cierto déficit en la necesidad de *relaciones,* puede ser un importante factor motivacional para aumentar su actividad física. Y las posibilidades en este sentido son muy amplias, desde intentar directamente integrarse en algún equipo que compita (a niveles avanzados o básicos, hay todo tipo de competiciones), hasta participar en algún grupo que periódicamente realice algún tipo de actividad. Internet, las redes sociales y todas las nuevas herramientas de comunicación nos pueden ayudar a todo ello, así como a conocer, interactuar y compartir con otras personas que tengan inquietudes similares.

Para terminar, recuerde que el objetivo ideal es conseguir una motivación verdadera hacia la práctica del ejercicio y la actividad física, es decir, sentir que se practica porque se desea y se disfruta con ello. Pero también hay que ser realista y entender que en ocasiones no es posible llegar a las condiciones y circunstancias necesarias para lograrlo. El hecho de trabajar por crear un contexto en el que se sumen pequeñas aportaciones es posiblemente la forma más constructiva de aumentar las probabilidades de conseguir llegar a un nivel de motivación suficiente para animarnos a practicarlo con regularidad.

Motivación contra las adicciones

Cuando al inicio del capítulo he listado los principales factores relacionados con las enfermedades y la mortalidad prematura en las sociedades desarrolladas, en primer lugar aparecía el consumo de sustancias como el tabaco, el alcohol y otras drogas. En efecto, éste es un problema muy grave, ya que además de los ya comentados efectos negativos sobre la salud, suele ir acompañado de una gran cantidad de problemas psicosociales. Sobre todo en el caso de las sustancias consideradas como más "duras". Y su solución también suele ser enormemente complicada.

Es probable que tras conocer el ciclo de motivación y tras haber leído la interpretación de las adicciones que hemos hecho desde esta perspectiva, usted se haya preguntado por la posible utilidad de todos estos enfoques para ese tipo de casos. Lo cierto es que el consenso científico sobre cuáles son los mejores métodos para tratar las adicciones sigue sin consolidarse y siguen utilizándose de forma generalizada tratamientos sin demasiado soporte científico. El más habitual son "Los 12 Pasos", muy centrado en el aislamiento, la terapia de grupo y la espiritualidad, aunque poco a poco se va avanzado en enfoques más rigurosos y multidisciplinares, gestionados por profesionales y sanitarios expertos, adaptados a cada caso y necesidad.

Dada la gravedad, complejidad y naturaleza de las adicciones, en este libro no vamos a entrar a plantear posibles soluciones detalladas para este tipo de problemas. Pero creo que puede resultar interesante conocer los primeros pasos que se han dado en este ámbito desde la perspectiva de la motivación, que también se muestran prometedores, con ejemplos del tema del tabaquismo.

No hay persona fumadora que no conozca los riesgos a los que se expone por mantener ese hábito: elevadísima probabilidad de morir prematuramente y gran deterioro de la calidad de vida. Hablamos probablemente del principal problema de salud en muchos países desarrollados.

Sin embargo, a pesar del bombardeo de información en este sentido con iniciativas claramente basadas en la estrategia del miedo – como la inclusión en los paquetes de tabaco de impresionante fotografías mostrando sus terribles efectos – el abandono del hábito de fumar es algo realmente difícil. Y que ha requerido de medidas mucho más globales y expeditivas, relacionadas con la reglamentación para limitar radicalmente su consumo en lugares públicos y la disminución de la accesibilidad del tabaco (sobre todo aumentando su precio y limitando los lugares de adquisición). Cuando el miedo es más tangible y cercano, como por ejemplo cuando se sufre una dolencia grave a causa del tabaco, o se es testigo de cómo un familiar cercano pierde la vida debido a una enfermedad derivada de su consumo, el temor puede alcanzar una intensidad suficiente como para impulsarnos a intentar dejarlo seriamente. Pero con mucha frecuencia ni siquiera así suele ser posible y las recaídas son numerosas. Y muy familiares para quienes han tenido que convivir con esta adicción.

A pesar de todo, lo cierto es que cada vez más gente deja de fumar. Y es destacable que la mayor parte de las personas lo hacen por su cuenta, sin ayuda sanitaria y sin ninguna razón especial o novedosa respecto a intentos anteriores. O al menos, ninguna de la que se sea especialmente consciente.

Aunque en algunas ocasiones el detonante del abandono puede ser un "susto" relacionado con la salud (que da lugar a un temor muy intenso e influyente), en la mayoría de los casos el éxito es algo bastante espontáneo, que además de apoyarse en un deseo de mejorar la salud a largo plazo suele venir acompañado de cambios importantes en la forma de vida, en las prioridades y las necesidades y deseos que orientan las decisiones que se toman a diario (36). Muchas personas exfumadoras explican que dejaron de fumar cuando cambiaron más cosas, cuando sintieron que "había llegado el momento", cuando percibieron que su deseo de dejarlo superaba a su deseo por seguir.

¿Le suenan todas estas cuestiones? En efecto, están íntimamente relacionadas con la motivación.

Empezando por el ciclo de motivación, las interconexiones de las neuronas relacionadas con el consumo de tabaco pueden llegar a estar muy consolidadas y nuestro cerebro a ser especialmente sensible a los tres pasos del ciclo:

1. Captación de señales y deseo. Casi cualquier rutina nos recuerda el fumar y activa nuestra sensación de deseo.

2. Decisión–ejecución: Es sencillo conseguir tabaco y se puede fumar en muchos lugares.

3. Recompensa: El hecho de fumar nos da una sensación inmediata (aunque corta) de satisfacción y tranquilidad (nos quita "el mono").

Cuando la adicción es muy elevada, la "inercia" del ciclo de motivación es muy poderosa y resulta especialmente difícil de frenar. Así que la opción que ha mostrado más eficacia, también utilizada en otras adicciones, es la misma que hablábamos para los alimentos altamente procesados, la abstinencia. Es decir, poner barreras y dificultar los tres pasos del ciclo de motivación (eliminando señales y dificultando su acceso, evitando así la recompensa), para conseguir llegar a la desensibilización.

Poco a poco se van desplegando políticas sanitarias que facilitan esta labor. El tabaco solo se comercializa en tiendas especializadas, su precio se eleva considerablemente y se prohíbe su consumo en lugares públicos. Si no lo vemos, no lo olemos y no lo tenemos muy a mano, el ciclo se puede frenar y la motivación se reduce. Además, también pueden utilizarse sustitutivos del tabaco y medicamentos en este proceso de alejamiento, sobre todo para mitigar la sensación de deseo y preferiblemente bajo prescripción médica, que han mostrado que pueden ser útiles (37)

Pero, desafortunadamente, con frecuencia esto no es suficiente. Muchos años de consumo, alimentando y reforzando el ciclo de motivación asociado al fumar, no son fáciles de revertir. Como ya he comentado, durante mucho tiempo el cerebro se ha ido programando para que casi cualquier señal, sea del tipo que sea, active la segregación de dopamina y dispare la motivación por fumar, porque durante años se han "programado" las neuronas para que asocien todo tipo de rutinas a la necesidad de nicotina. Y cuando uno menos se lo espera el ciclo de motivación se acelera y la motivación por fumar vuelve a ganar.

Es en estas circunstancias donde la satisfacción de otros deseos puede ayudar. De nuevo la evidencia no es muy abundante, pero los resultados de unos cuantos estudios animan a ser positivos (38). Tampoco hay protocolos ni directrices concretas consensuadas que puedan servirnos como guía, así que sabiendo que el conocimiento todavía es precario, se pueden plantear cambios de contexto que puedan favorecer la satisfacción de deseos y necesidades mediante el abandono del tabaco.

Por ejemplo, desde el punto de vista del *interés*, puede haber deseos básicos que contribuyan a encontrar razones y motivaciones para desacelerar el ciclo de motivación. El de *familia* es un claro ejemplo y hay bastantes casos en los que el pensamiento de poder enfermar gravemente o fallecer y no poder cuidar a los hijos puede llegar a ser especialmente influyente. Para algunas personas que valoran especialmente el *ahorro*, el elevado gasto que supone el consumo de tabaco podría dificultarles la consecución de sus inquietudes en ese sentido. Y para quien es importante la *aprobación*, las nuevas normas que prohíben fumar en cada vez más lugares públicos puede hacerle sentirse rechazado con frecuencia. Incluso un intenso deseo de *honor* puede llevar a interpretar el dejar de fumar como una norma social que es necesario cumplir lo antes posible.

Pero donde probablemente más posibilidades de utilidad tenga la perspectiva de la motivación y de la satisfacción de necesidades sea con la *autonomía*, que en este caso está íntimamente ligada a la *competencia*. El hecho de que la mayor parte de las personas dejen de fumar por su cuenta, casi siempre tras varios intentos infructuosos, indica que el proceso de tomar la decisión y desarrollar un método propio mediante un aprendizaje de prueba y error es un enfoque válido. Las personas van entendiendo lo que "les funciona" y lo que no, las ayudas que pueden serles útiles, la mejor forma de cuantificar sus objetivos y los cambios que deben hacer en su entorno para intentar minimizar las recaídas. Y hay muchas que de esta forma terminan encontrando la forma de salir.

El problema es que a veces cierta la actitud no es suficiente. Un error de interpretación a la hora de deducir la causa y efecto de alguna estrategia, una insuficiente acumulación de otras motivaciones, una circunstancia inesperada que acelera aún más el ciclo de motivación en favor del tabaco... el riesgo de volver a encender un cigarrillo es muy elevado. La batalla será complicada pero el conocimiento y dominio de la capacidad movilizadora de nuestros deseos básicos y de las necesidades pueden aumentar las posibilidades de éxito.

Todas estas reflexiones y recomendaciones están centradas en una situación de consumo habitual y de necesidad de dejar de hacerlo, pero también son aplicables a la prevención. La satisfacción de las necesidades y deseos básicos mediante actividades saludables puede ser un enfoque eficaz para que los jóvenes y adolescentes no se planteen la posibilidad de utilizar el consumo de tabaco y de alcohol con ese mismo fin.

Un ejemplo en este sentido es el de Islandia, un país en el que desde 1998 tiene en marcha el programa *"Youth in Iceland"* (Juventud en Islandia), cuyo objetivo principal es reducir el consumo de sustancias adictivas entre este colectivo (39). El punto de partida es un trabajo exhaustivo de investigación de la realidad e inquietudes de los jóvenes, con el que cada dos meses se recopilan datos sobre pautas de consumo, características de los hogares, absentismo escolar y problemas emocionales. Todo ello se utiliza para identificar los principales factores de riesgo y diseñar acciones para minimizarlos.

Estas acciones son totalmente coincidentes con las que hasta ahora hemos propuesto para la alimentación y el ejercicio. La principal forma de bloquear la motivación se ha basado en estrategias similares a las que hemos propuesto para los alimentos poco saludables y para las actividades sedentarias: aislamiento y control respecto a este tipo de sustancias. Todo liderado por parte de los padres, son la clave, a los que se les ha enseñado a mejorar su comunicación y su capacidad de apoyo, pero también su responsabilidad en la vigilancia y el control, con el objetivo de reducir e impedir la *autonomía* de sus hijos respecto al consumo. Incluso se han aprobado medidas gubernamentales en este sentido, como la restricción de que los niños anden solos por la calle de noche.

El segundo factor clave para el éxito también se ha fundamentado en la motivación – aunque desde un enfoque más constructivo – y fue descrito así por uno de los responsables del programa:

"Hay que crear un entorno donde se encuentren bien y tengan la opción de llenar su tiempo con cosas actividades positivas. Esto hará que sea menos probable que empiecen a consumir sustancias".

Que puede ser obviamente interpretado como la satisfacción de deseos y necesidades mediante actividades que también tienen la capacidad de favorecer una buena salud.

En base a todas estas conclusiones las autoridades islandesas dedicaron una buena cantidad de recursos a materializar diversos objetivos, entre los que estaba la disponibilidad de actividades saludables, tales como deporte, música, teatro, danza, etc.

La conclusión de todo ello ha sido bastante impresionante: una gran reducción del consumo del tabaco y el alcohol, a índices de entre cuatro y diez veces inferiores a los la media europea en esos mismos tramos de edad.

Viendo estos prometedores resultados, habrá que estar atentos a lo que concluyen futuras investigaciones. Quizás la motivación acabe siendo un elemento fundamental para ganar esta complicada guerra contra las adicciones.

Referencias:

(1)

Appealing to Fear: A Meta-Analysis of Fear Appeal Effectiveness and Theories (2015)

(2)

Itsy Bitsy Spider...: Infants React with Increased Arousal to Spiders and Snakes (2017)

Spiders at the cocktail party: an ancestral threat that surmounts inattentional blindness (2014)

(3)

Fear and Avoidance of Internal Experiences in GAD: Preliminary Tests of a Conceptual Model (2005)

The metacognitive model of worry and generalized anxiety disorder (2006)

The role of fear of anxiety and intolerance of uncertainty in worry: An experimental manipulation (2008)

(4)

Can Communicating Personalised Disease Risk Promote Healthy Behaviour Change? A Systematic Review of Systematic Reviews (2013)

Ignoring Theory and Misinterpreting Evidence: The False Belief in Fear Appeals (2017)

(5)

Global, regional, and national comparative risk assessment of 84 behavioural, environmental and occupational, and metabolic risks or clusters of risks, 1990–2016: a systematic analysis for the Global Burden of Disease Study 2016 (2017)

(6)

"Lo que dice la ciencia para adelgazar" (2012)

"Lo que dice la ciencia sobre dietas alimentación y salud" (2013)

"Lo que dice la ciencia sobre dietas alimentación y salud, volumen 2" (2017)

"El cerebro obeso" (2014)

"La guerra contra el sobrepeso" (2016)

(7)

Trends in adult body-mass index in 200 countries from 1975 to 2014: a pooled analysis of 1698 population-based measurement studies with 19,2 million participants" (2016)

The Association between Obesity and Cancer Risk: A Meta-Analysis of Observational Studies from 1985 to 2011 (2013)

Association between body mass index and cardiovascular disease mortality in east Asians and south Asians: pooled analysis of prospective data from the Asia Cohort Consortium (2013)

"Body-mass index and risk of 22 specific cancers: a population-based cohort study of 5•24 million UK adults (2013)

Estimating the Medical Care Costs of Obesity in the United States: Systematic Review, Meta-Analysis, and Empirical Analysis (2016)

Overcoming obesity: An initial economic analysis (2014)

(8)

Processed food, an experiment that failed. Lustig (2016)

(9)

Ultra-processed foods and added sugars in the US diet: evidence from a nationally representative cross-sectional study (2016)

Ultra-processed food purchases in Norway: a quantitative study on a representative sample of food retailers (2015)

Ultra-processed products are becoming dominant in the global food system (2013)

Increasing consumption of ultra-processed foods and likely impact on human health: evidence from Brazil (2011)

(10)

Food Classification Systems Based on Food Processing: Significance and Implications for Policies and Actions: A Systematic Literature Review and Assessment (2014)

(11)

To eat or not to eat: Effects of food availability on reward system activity during food picture viewing (2016)

You are what you choose to eat: factors influencing young adults' food selection behavior (2015)

Eating with our eyes: From visual hunger to digital satiation (2015)

(12)

Gearhardt, The Addiction Potential of Hyperpalatable Foods, 2011

Ifland, Clearing the Confusion around Processed Food Addiction, 2014

The Influence of Palatable Diets in Reward System Activation: A Mini Review, 2016

(13)

Development of the Yale Food Addiction Scale Version 2.0., 2016

Food and beverage consumption and food addiction among women in the nurses health studies (2017).

(14)

Increased impulsivity in response to food cues after sleep loss in healthy young men (2015)

Sleep Restriction Enhances the Daily Rhythm of Circulating Levels of Endocannabinoid 2-arachidonoylglycerol (2016)

Sweet/dessert foods are more appealing to adolescents after sleep restriction (2015).

Acute sleep deprivation increases portion size and affects food choice in young men (2013)

Prefrontal Cortex to Accumbens Projections in Sleep Regulation of Reward (2016)

Acute Sleep Deprivation Enhances the Brain's Response to Hedonic Food Stimuli: An fMRI Study (2012)

Sleep restriction leads to increased activation of brain regions sensitive to food stimuli

(15)

10 preguntas sobre la "nueva" pirámide nutricional de la SENC (2015)

(16)

Addiction to exercise, The BMJ Practice (2017)

(17)

Why is changing health-related behaviour so difficult? (2017)

(18)

The dopamine motive system: implications for drug and food addiction (2017)

(19)

Interventions to Improve Adolescent Nutrition: A Systematic Review and Meta-Analysis (2016)

Predicting adult weight change in the real world: a systematic review and meta-analysis accounting for compensatory changes in energy intake or expenditure (2014)

Effectiveness of behavioural weight loss interventions delivered in a primary care setting: a systematic review and meta-analysis (2014)

Diet or exercise interventions vs combined behavioral weight management programs: a systematic review and meta-analysis of direct comparisons (2014)

Long term maintenance of weight loss with non-surgical interventions in obese adults: systematic review and meta-analyses of randomised controlled trials (2014)

Behavioural weight management programmes for adults assessed by trials conducted in everyday contexts: systematic review and meta-analysis (2014)

Physical activity and cardiovascular risk factors in children: meta-analysis of randomized clinical trials (2014)

Effective interventions in overweight or obese young children: systematic review and meta-analysis (2014)

(20)

Worldwide trends in body-mass index, underweight, overweight, and obesity from 1975 to 2016: a pooled analysis of 2416 population-based measurement studies in 128·9 million children, adolescents, and adults (2017)

(21)

Restrained eaters show enhanced automatic approach tendencies towards food (2010)

Attentional and approach biases for pictorial food cues. Influence of external eating (2008)

(22)

Volitional regulation of brain responses to food stimuli in overweight and obese subjects: a real-time fMRI feedback study (2017)

Control of nucleus accumbens activity with neurofeedback (2014)

Approach avoidance training in the eating domain: Testing the effectiveness across three single session studies(2015)

Battle of plates: a pilot study of an approach–avoidance training for overweight children and adolescents (2017)

(23)

Managing temptation in obesity treatment: a neurobehavioral model of intervention strategies (2015)

(24)

Food Cravings in College Population (1991)

Rice and sushi cravings: A preliminary study of food craving among Japanese females (2008)

Food cravings, food intake, and weight status in a community-based sample (2014)

Food cravings among Brazilian population (2016)

(25)

Changes in Nutrition-Related Behaviors in Alcohol-Dependent Patients After Outpatient Detoxification: The Role of Chocolate (2016)

(26)

Recomendaciones mundiales sobre actividad física para la salud, OMS (2010)

(27)

Successful behavior change in obesity interventions in adults: a systematic review of self-regulation mediators (2015)

The association between motivation and fruit and vegetable intake: The moderating role of social support (2015)

Self-determination theory and weight loss in a Diabetes Prevention Program translation trial (2016)

The role of motivation and the regulation of eating on the physical and psychological health of patients with cardiovascular disease (2015)

A self-determination theory approach to adults' healthy body weight motivation: A longitudinal study focussing on food choices and recreational physical activity (2015)

Motivational interviewing as a way to promote physical activity in obese adolescents: a randomised-controlled trial using self-determination theory as an explanatory framework (2013)

Motivation, self-determination, and long-term weight control (2012)

Motivational dynamics of eating regulation: a self-determination theory perspective (2012)

Successful behavior change in obesity interventions in adults: a systematic review of self-regulation mediators (2015)

The association between physical activity and eating self-regulation in overweight and obese women (2013)

Facilitating health behaviour change and its maintenance: Interventions based on Self-Determination Theory (2008)

Why we eat what we eat: the role of autonomous motivation in eating behaviour regulation (2011)

Autonomy Support, Self-Regulation, and Weight Loss (2014)

Successful behavior change in obesity interventions in adults: a systematic review of self-regulation

Financial motivation undermines potential enjoyment in an intensive diet and activity intervention (2013)

Self-Regulation, Motivation, and Psychosocial Factors in Weight Management (2012)

Direct and mediated effects of two theoretically based interventions to increase consumption of fruits and vegetables in the healthy body healthy spirit trial (2011)

(28)

Influence of Sedentary, Social, and Physical Alternatives on Food Reinforcement. (2017)

(29)

The Grocery Industry Confronts a New Problem: Only 10% of Americans Love Cooking – Harvard Business Review (2017)

(30)

Self-determined motivation and physical activity in children and adolescents: a systematic review and meta-analysis (2016)

Exercise, physical activity, and self-determination theory: A systematic review (2012)

Intrinsic Motivation and Self-Determination in Exercise and Sport (2008)

A qualitative analysis of emotional facilitators in exercise (2016)

Framework for the design and delivery of organized physical activity sessions for children and adolescents: Rationale and description of the 'SAAFE' teaching principles (2017)

Using self-determination theory to understand motivation for walking: Instrument development and model testing using Bayesian structural equation modeling (2015)

Relations between autonomous motivation and leisure-time physical activity participation: The mediating role of self-regulation techniques (2016)

Using self-determination theory to promote physical activity and weight control: a randomized controlled trial in women (2010)

Testing a longitudinal integrated self-efficacy and self-determination theory model for physical activity post-cardiac rehabilitation (2014)

The roles of self-efficacy and motivation in the prediction of short- and long-term adherence to exercise among coronary heart disease patients (2014)

The Effects of a Self-Determination Theory Based Exercise Intervention on Physical Activity and Psychological Variables in Sedentary Overweight or Obese Women: Project CHANGE (2011)

Promoting Self-Determined Motivation for Exercise in Cardiac Rehabilitation: The Role of Autonomy Support (2014)

Self-determination Theory and the psychology of exercise (2008)

Understanding Motivation for Exercise: A Self-Determination Theory Perspective (2008)

(31)

Influence of physical exercise on sexual activity: a study of practitioners of physical activities and sports in the city of Douala (2016)

Exercise improves sexual function in women taking antidepressants: results from a randomized crossover trial. (2014)

The Association of Exercise with Both Erectile and Sexual Function in Black and White Men (2015)

The effects of sympathetic activation on physiological and subjective sexual arousal in women (1995)

Enhanced sexual behavior in exercising men (1990)

(32)

Body Dissatisfaction in Individuals with Obesity Compared to Normal-Weight Individuals: A Systematic Review and Meta-Analysis (2016)

Body image change in obese and overweight persons enrolled in weight loss intervention programs: a systematic review and meta-analysis. (2015)

(33)

Determinants of coach motivation and autonomy supportive coaching behaviours (2013)

High school athletes' self-determined motivation: The independent and interactive effects of coach, father, and mother autonomy support (2016)

The relationship between observed and perceived assessments of the coach-created motivational environment and links to athlete motivation (2015)

Coach autonomy support predicts autonomous motivation and daily moderate-to-vigorous physical activity and sedentary time in youth sport participants (2014)

Influence of coaches' autonomy support on athletes' motivation and sport performance: A test of the hierarchical model of intrinsic and extrinsic motivation (2009)

(34)

When change-oriented feedback enhances motivation, well-being and performance: A look at autonomy-supportive feedback in sport (2013)

(35)

The Motivational Impact of Wearable Healthy Lifestyle Technologies: A Self-determination Perspective on Fitbits With Adolescents (2017)

Effect of Wearable Technology Combined With a Lifestyle Intervention on Long-term Weight Loss" (2016)

Effectiveness of activity trackers with and without incentives to increase physical activity (TRIPPA): a randomised controlled trial" (2016)

Do activity monitors increase physical activity in adults with overweight or obesity? A systematic review and meta-analysis" (2016)

El uso de podómetros para incrementar la actividad física en población adulta: una revisión (2015)

Using pedometers to increase physical activity and improve health: a systematic review. (2007)

(36)

Transitional-aged youth perceptions of influential factors for substance-use change and treatment seeking /2017)

Motivations toward smoking cessation, reasons for relapse, and modes of quitting: results from a qualitative study among former and current smokers (2014)

Unplanned quit attempts--results from a U.S. sample of smokers and ex-smokers (2009)

(37)

Effect of Smoking Reduction Therapy on Smoking Cessation for Smokers without an Intention to Quit: An Updated Systematic Review and Meta-Analysis of Randomized Controlled (2015)

Pharmacological interventions for smoking cessation: an overview and network meta-analysis (2013)

Electronic cigarettes for smoking cessation and reduction (2014)

(38)

Testing a Self-Determination Theory Intervention for Motivating Tobacco Cessation: Supporting Autonomy and Competence in a Clinical Trial (2006)

Outcomes of the Smoker's Health Project: a pragmatic comparative effectiveness trial of tobacco-dependence interventions based on self-determination theory (2016)

Effectiveness of the Self-determination Theory based a Motivational Interviewing YOU-TURN Program for Smoking Cessation among Adolescents (2015)

Cost-effectiveness of intensive tobacco dependence intervention based on self-determination theory (2011)

The importance of supporting autonomy and perceived competence in facilitating long-term tobacco abstinence (2009)

Facilitating Autonomous Motivation for Smoking Cessation (2002)

Effectiveness of the Self-determination Theory based a Motivational Interviewing YOU-TURN Program for Smoking Cessation among Adolescents. (2015)

(39)

El secreto de Islandia para que sus jóvenes dejaran de beber alcohol y de fumar – BBC Mundo 13/02/2017

CAPÍTULO 5
APRENDER Y TRABAJAR MOTIVADO

Buena parte de la investigación sobre la teoría de la autodeterminación, la teoría de los 16 deseos y otros enfoques relacionados con la motivación, se ha realizado con niños y jóvenes. El hecho de que muchos investigadores sean también profesores y que tengan fácil acceso a estudiantes – además de que puedan tener inquietudes por transmitir mejor sus conocimientos a sus alumnos – puede haber incidido en esta focalización. Así que si damos por válidas las teorías de la motivación, su aplicabilidad en el colectivo infantil y juvenil no solo es perfectamente plausible, incluso estaría más justificada.

Si preguntamos a cualquier padre o madre sobre la posible utilidad de las teorías de la motivación para el cambio de hábitos de sus hijos, es posible que el primer tema de interés sea el de los estudios, al menos si los resultados y dedicación no son los deseados. Sin duda es una cuestión importante y en la que merece la pena profundizar, pero no solo para los más jóvenes. La mayoría de los adultos también hemos tenido alguna que otra dificultad cuando nos ha tocado tener que implicarnos en procesos de aprendizaje.

Afortunadamente, la cantidad de investigación en esta área es bastante mayor que la de la alimentación, el ejercicio o las adicciones; probablemente es la que acumula más estudios y en la que está más contrastada la coherencia de los planteamientos que hemos ido desgranando en páginas anteriores. En la enseñanza y la educación la relevancia de la motivación es incluso más evidente que en otros ámbitos. Una mayor motivación se relaciona claramente con más implicación y mejores resultados (1). Aunque también en este caso todavía queda mucho trabajo por hacer para el despliegue práctico de todo el conocimiento que se ha ido generando, un trabajo que deberá ser pilotado por profesionales especializados en el desarrollo y testeo de metodologías específicas.

Para ver con más detalle todos los planteamientos desde la perspectiva de la motivación y de las cuatro necesidades, empezaremos por el *interés*. Pero en este caso vamos a modificar ligeramente la sistemática que hemos seguido en el capítulo anterior y vamos a intentar responder a una pregunta previa: ¿Se puede explicar el fracaso escolar en base al *interés* y la priorización de los deseos básicos? En primer lugar, para ser rigurosos y consecuentes con todo lo que hemos ido diciendo a lo largo del libro, habría que sustituir la expresión "fracaso escolar" por "desmotivación por estudiar", ya que describe la situación con más precisión. Y tras este cambio de términos es probable que nos sea más sencillo intentar hacer la interpretación, repasando los deseos básicos que podrían estar detrás del problema (2):

Tranquilidad: Si este deseo es muy predominante, puede existir una elevada aversión al riesgo y a los cambios, que podría bloquear la capacidad de respuesta ante situaciones estresantes o imprevisibles, tales como los exámenes, pruebas o presentaciones, dando lugar a malos resultados.

Orden: Una intensidad muy baja e incluso contraria hacia este deseo puede afectar negativamente, especialmente si los profesores o monitores dan mucha importancia a la organización, a la limpieza o la claridad de las tareas y trabajos. También la tendencia a no planificar y a comenzar tareas sin haber finalizado las anteriores podría influir.

Curiosidad: Probablemente una intensidad muy baja de este deseo sea uno de los factores principales de desmotivación por estudiar. Si no se tiene especial necesidad de aprender cosas nuevas, la situación puede resultar bastante desmotivadora para el alumno. Sin embargo, también estudiantes curiosos pueden ver desaprovechado su potencial si no perciben que por parte de los profesores se satisface adecuadamente esta necesidad de conocimiento, que con frecuencia suele ir muy por delante del contenido de las lecciones planificadas.

Aprobación: Si este deseo es muy relevante, puede generar un excesivo temor al fracaso y un miedo al rechazo por parte de los compañeros o del profesor. Todo ello puede bloquear la capacidad de iniciativa y de esfuerzo.

Honor: Una valoración muy reducida de este deseo puede impulsar a un estudiante a tener comportamientos rebeldes y ninguna inquietud por cumplir las normas, códigos y directrices, que en algunos centros pueden ser bastante estrictas. Esta actitud puede complicarse y ser vista muy negativamente por parte del profesorado.

Ganar: Cuando este deseo es predominante, algunas personas pueden canalizar su necesidad de satisfacción mediante comportamientos agresivos hacia compañeros y profesores, sobre todo si no encuentran otro mecanismo con el que darle respuesta (como por ejemplo, un entorno competitivo como el deporte).

Una vez más, repito que es importante no encasillar a nadie por el hecho de que su afinidad por alguno de estos deseos se encuentre en alguna de las situaciones descritas en los párrafos anteriores. La intensidad y poder de movilización, la influencia de otros deseos, los valores inculcados y otros factores pueden también ser muy importantes en el resultado final y los comportamientos asociados.

Bien, ahora vamos a realizar un análisis desde el extremo contrario - más constructivo - deduciendo cómo se podría favorecer el *interés* por el estudio utilizando los deseos básicos.

Orden: Las personas con este deseo básico intenso pueden llegar a apreciar la gestión de la información, su selección y organización: pasar a limpio, la realización de esquemas y otros tipos de tareas muy frecuentes y útiles en el proceso de estudio.

Aprobación: El reconocimiento que se puede recibir tras finalizar las tareas o los exámenes, tanto por parte de los profesores como de los compañeros, puede ser un buen aliciente para las personas especialmente sensibles al deseo de aprobación.

Honor: El calificativo de "muy responsable" puede estar asociado a este deseo. En estos casos, el cumplimiento con las tareas, deberes y trabajos será más riguroso y, en consecuencia, la posibilidad de conseguir mejores resultados también.

Curiosidad: Este es el deseo que está orientado al aprendizaje, ya que quienes necesitan satisfacerlo con frecuencia están poderosamente motivados por descubrir cosas nuevas y adquirir nuevo conocimiento. Pero, como ya hemos mencionado, si no perciben que realmente están aprendiendo (algo que puede ocurrir cuando la enseñanza no es capaz de seguir su ritmo o está centrada en la repetición o la memorización de contenidos, sin profundizar en su significado ni sus implicaciones), pueden sentirse frustrados y convertirse en estudiantes mediocres, como ha ocurrido en algunas ocasiones con científicos e investigadores de prestigio.

Ganar: Aunque no es algo que parezca sencillo de gestionar, la competitividad bien canalizada puede ayudar a generar cierta motivación, orientada al cumplimiento de objetivos y la superación.

Poder: También el deseo de influir en otras personas puede ser adecuadamente canalizado en un contexto escolar o universitario. La posibilidad de liderar los proyectos compartidos y el trabajo en equipo pueden ser un buen recurso para que estas personas den satisfacción a dicho deseo de forma constructiva.

Estatus: Con frecuencia la posesión de títulos, diplomas o acreditaciones se considera un ingrediente importante para la consecución de un nivel social o *estatus*.

Sociedad: El interés por mejorar la sociedad y la vida de las personas, mediante el activismo político, medioambiental o social puede impulsar a la adquisición de conocimientos para ejercerlo adecuadamente: historia, medio ambiente, ciencias sociales, psicología, medicina, etc.

> *A veces una necesidad o deseo puede utilizarse para aprender algo diferente. Por ejemplo, la curiosidad puede servir para aprender cosas que no están directamente relacionadas con los temas que resultan especialmente interesantes. Hay muchos científicos e investigadores que han conseguido dominar el inglés gracias a la ingente cantidad de referencias y literatura que han leído en ese idioma. Lo que les ha motivado ha sido el adquirir el conocimiento mediante sus lecturas, pero el "efecto secundario" ha sido el aprendizaje del inglés.*

Como habrá apreciado, los comentarios para cada uno de los deseos son breves y concisos, pero dado que la aplicación e interpretación en cada persona puede tener bastantes matices, lo importante es entender el concepto global y posteriormente reflexionar en cómo puede llevarse a la práctica en cada caso. El conocimiento detallado del poder movilizador de cada uno de estos deseos sobre cada una de las personas puede dar gran cantidad de explicaciones sobre los comportamientos y preferencias en el aula. Ofrece un amplio abanico de posibilidades a la hora de buscar formas de orientar a los niños y jóvenes en esta importante etapa de su vida. Y también ayuda a encontrar mecanismos que puedan agregar motivación cuando los adultos tenemos que ponernos a estudiar y aprender.

Satisfacción de necesidades en el aula

Esta primera aproximación desde el *interés* es solo el primer paso en la búsqueda de posibilidades para reforzar la atracción por el aprendizaje y los estudios mediante la motivación. Si bien estos deseos básicos pueden llegar a hacer su aportación en este sentido - en el contexto adecuado y bien orientados y canalizados -, el potencial que nos ofrece la satisfacción del resto de necesidades es incluso mayor, al menos si lo valoramos en función de la evidencia existente. La cantidad de trabajos sobre la efectividad de estos enfoques es bastante importante, la mayoría centrados en los planteamientos de la teoría de la autodeterminación (3).

El ámbito que más literatura acumula es, sin duda, la *autonomía*. Deci y Ryan dedicaron buena parte de sus primeras investigaciones a este tema y tras los resultados de algunos de estos estudios diferentes autores también se han interesado y han profundizado en sus planteamientos durante las últimas décadas. Como ya habrá deducido, el interés especial que genera esta necesidad se debe a que su propia naturaleza es bastante contradictoria con los enfoques habituales del proceso de aprendizaje. Las cuatro fases que componen la *autonomía*, el establecimiento de los objetivos, los métodos y ejecución de las tareas, la evaluación y las iniciativas para ir mejorando, suelen ser mayormente (e incluso en su totalidad) responsabilidad del profesor, monitor u orientador. Con frecuencia, incluso el esquema global de los contenidos y la planificación de los pasos para su abordaje se establece por instancias o agentes superiores, como ocurre con los planes educativos o con ciertas capacitaciones certificables u oficiales.

La educación es quizás uno de los ámbitos sociales en los que metodológicamente menos se ha evolucionado durante los últimos años. A pesar de los gigantescos avances en la comunicación de los que estamos siendo testigos, impulsados sobre todo por la tecnología, mayoritariamente todavía se sigue enseñando de forma muy parecida a como enseñaban a nuestros padres. Hemos incorporado internet y ordenadores en las aulas, pero con frecuencia el enfoque global sigue siendo el mismo: Los profesores explican los contenidos (que ahora se leen en pantalla, en lugar de en papel), ponen algún ejercicio y aclaran dudas, refuerzan el conocimiento mediante trabajo en casa o deberes y finalmente lo evalúan mediante una prueba o examen. Ellos diseñan, dirigen y controlan el proceso. No contemplan otra opción ni piensan que una *autonomía* de los alumnos real y efectiva en alguna de estas fases del proceso pueda ser una ventaja o un valor respecto a los resultados (4). Tal vez porque el término *autonomía* sugiere dejar en manos del propio estudiante la planificación y desarrollo de su propio aprendizaje, y eso simplemente suena contradictorio e ilógico: ¿cómo va a poder hacer algo así alguien que no domina ni conoce una materia o tema? ¿No es razonable pensar que un experto pueda hacerlo mucho mejor?

Las investigaciones muestran con claridad que la motivación por estudiar – y con frecuencia también los resultados de aprendizaje – mejoran cuando el estudiante se siente autónomo durante el proceso. La clave está en tener claro lo que implica y significa en la práctica la necesidad "*autonomía*" y en cómo se puede crear un contexto de aprendizaje efectivo y productivo en estas condiciones. Conseguir que alguien se sienta autónomo, capaz de decidir y gestionar las mencionadas cuatro fases:

1. Establecimiento de los objetivos, es decir, lo que debe conseguir al final del proceso, el "producto" o resultado final.

2. Método y sistemática de aprendizaje.

3. Examen o prueba.

4. Análisis de resultados, ejecución de cambios necesarios y, si es necesario, nuevo inicio del ciclo.

Esto no significa que haya que dejar al alumno abandonado, ni mucho menos. La autonomía realmente se refiere a "*autonomía percibida*" y alguien que se siente abandonado está muy lejos de percibirse a sí mismo como autónomo. Vuelvo a repetir la idea: se trata de que se sienta capaz de liderar y gestionar las cuatro fases.

¿Y cómo se lleva esto a la práctica? Hay algunas iniciativas interesantes, como el aprendizaje basado en proyectos, pero que siguen siendo bastante excepcionales y tienen enfoques y matices muy diversos, así que todavía deben ser ratificadas mediante procesos de análisis más rigurosos. De cualquier forma, los estudios indican que además de aportar herramientas de empoderamiento y autonomía, debe darse apoyo respecto al enfoque global y a la estructura del proceso.

Para ilustrar estas ideas, uno de los autores de la teoría de la autodeterminación publicó un estudio en el que proponía un sencillo método de evaluación de estas dos facetas, la autonomía y la estructura, que permitía a un profesor conocer las actitudes que debería seguir para crear un contexto de autonomía para el aprendizaje (5).

En primer lugar, así describía los comportamientos de un profesor que apoyaría el desarrollo de la autonomía:

- **Cultiva recursos para la motivación interna**: Interés, disfrute, sentido de desafío. Crea oportunidades para que aparezca la iniciativa

- **Utiliza lenguaje informativo**: Es informativo y flexible, Ofrece opciones. Identifica el valor, significado, uso y beneficios de sus peticiones.

- **Entiende y acepta los sentimientos negativos**: Escucha de forma comprensiva, abierta, cuidadosa. Acepta sentimientos negativos, las quejas son bienvenidas.

En el otro extremo, estos serían los comportamientos de alguien alejado de este tipo de enfoques, alineado con métodos de aprendizaje más tradicionales y asociados al control:

- **Confía en fuentes externas para la motivación**: Ofrece incentivos, consecuencias, directrices. Realiza encargos, busca el cumplimiento.

- **Utiliza lenguaje asociado al control**: Presiona, apela al ego. "Se debe…", "Hay que…". Descuida el valor, significado, uso y beneficios de sus peticiones.

- **Intenta contrarrestar y cambiar los sentimientos negativos**: Bloquea u obvia sentimientos negativos. Los sentimientos negativos no están bien, son inaceptables, deben cambiarse.

Y desde el punto de vista de la estructura, estas serían las características de un proceso de aprendizaje óptimo y orientado a la autonomía:

- **En la introducción se aportan instrucciones claras, comprensibles, explícitas y detalladas**: Está claro lo que hay que hacer y bien organizado. Se han enmarcado adecuadamente los próximos contenidos.

- **Durante el aprendizaje se actúa como guía**: Se aporta dirección y liderazgo. Plan de acción claro, objetivos claros. Existen numerosos puntos de control y de análisis de avance.

- **Se aporta feedback orientado al desarrollo de competencias e instructivo**: Constructivo, informativo. Información relevante sobre competencias.

Y, en el otro lado, la estructura en un proceso de aprendizaje tradicional y orientado al control tendría las siguientes características:

- **Durante la introducción no se aportan instrucciones o son poco claras, ambiguas y confusas:** No está claro lo que hay que hacer, mal organizado. No se han enmarcado claramente los próximos contenidos.

- **Durante el aprendizaje no se guía**: Escasa dirección y liderazgo. Sin plan de acción claro ni objetivos. Pocos puntos de control y de análisis de avance.

- **No hay feedback o es ambiguo**: Inexistente, fuera de contexto, confuso. Irrelevante desde la perspectiva de las competencias.

Otras revisiones han recopilado ejemplos concretos de aplicación práctica de la *autonomía* en la educación, que también pueden servirnos como guía y que se podrían resumir con las siguientes directrices (6):

- Identificar lo que los estudiantes quieren.

- Proporcionar diferentes enfoques de aprendizaje.

- Dar valor a las tareas, incluso las poco interesantes.

- Promover la participación activa.

- Dar posibilidad de elección.

- Ceder la responsabilidad del aprendizaje.

- Proporcionar libertad.

- Evitar la recompensa externa.

Sin ninguna duda, poner en práctica todas estas ideas es bastante más complicado que el método de aprendizaje habitual, la clase magistral, los ejercicios y los exámenes. Pero si se consigue que los alumnos se sientan autónomos y respaldados y se conviertan en los protagonistas y responsables del proceso, la motivación tendrá muchas más posibilidades de hacer acto de presencia.

Bien, pasemos ahora a analizar la necesidad de *competencia*. Supongo que ya se habrá dado cuenta de que en el tema de la educación y el aprendizaje esta necesidad está íntimamente ligada a la de *autonomía*. La percepción de sentirse *competente* cuando se aprende algo podría integrarse de forma bastante coherente con todo lo que hemos dicho en las últimas páginas, por lo que es comprensible que Deci y Ryan durante los primeros años de la teoría de la autodeterminación también lo hicieran (aunque posteriormente separaran ambas necesidades, algo que dio más validez de su teoría en otros ámbitos, como el trabajo o el sanitario).

La idea fundamental es conseguir que el estudiante se sienta competente y capacitado, tanto en la materia que está aprendiendo como en el método y proceso de aprendizaje que pueda estar utilizando. Si no se logra, el resultado previsible puede ser exactamente el contrario, una intensa frustración y el pensamiento de *"esto no es para mí"* o *"es que yo no valgo para estudiar"*. Que desembocará en una gran desmotivación.

Los estudios también aportan recomendaciones prácticas para la actitud que debería tener la persona instructora o formadora que quiera potenciar la *competencia*:

- Proponer retos adecuados.
- Proporcionar una dirección o guía estructurada.
- Dar valor al trabajo realizado.
- Dar feedback positivo y constructivo.

Como puede observar, son bastante coincidentes con lo que hemos comentado para la *autonomía*.

De cualquier forma, recuerde que en todo momento estamos hablando de percepciones y de *autonomía* y *competencia* percibidas. Es decir, que no se trata de que el instructor piense que está haciendo correctamente su trabajo o que crea que sigue al pie de la letra todas estas directrices y consejos. Sino que quien aprende lo perciba. Por lo tanto, la única forma de saber si realmente se está haciendo lo necesario es contrastándolo con las personas afectadas, los alumnos.

En el próximo capítulo encontrará unos cuestionarios que pueden ayudar a evaluar la autonomía y la competencia en esta área.

Todas estas recomendaciones están dirigidas a todo tipo de personas involucradas en dar apoyo a cualquier tipo de proceso educativo: profesores, monitores, entrenadores e incluso padres y madres, especialmente cuando se involucran intentando ayudar a sus hijos en tareas y deberes. Esta disposición en general es muy positiva para los hijos, pero también es importante una orientación hacia la motivación. Una actitud controladora en la que no se dé respuesta a las necesidades de *autonomía* y *competencia* es probable que dé lugar a peores resultados (7).

Aprender en compañía

Durante la época de nuestra vida en la que normalmente nos vemos más envueltos en actividades educativas y de aprendizaje, la niñez y la juventud, la influencia del contacto con otras personas puede llegar a ser incluso más importante que otras variables tan trascendentales como la *autonomía* y la *competencia*, al menos para ciertos aspectos (8). Nuestra naturaleza social está especialmente sensible durante esos años, como podemos comprobar rememorando la intensidad con la que la mayoría de nosotros recordamos nuestras relaciones con compañeros y profesores.

Como detallamos en el segundo capítulo al hablar de las *relaciones*, la necesidad prioritaria en este sentido suele ser la de pertenencia a un grupo. Ser parte de un colectivo que permita cuidar a otros y sentirse cuidado, que en la práctica se suele materializar en tres tipos de situaciones: el grupo de amigos, el grupo de trabajo y el conjunto del centro de estudios. El primero de ellos, el grupo de amigos, es el que podríamos considerar el informal, el instintivo, el "natural", resultado de nuestra tendencia innata a relacionarnos y a buscar instintivamente a la personas que consideramos que mejor pueden satisfacer nuestras necesidades en ese sentido. El segundo, que normalmente suele estar definido por el profesor (aunque no necesariamente debe ser así), podríamos considerarlo el formal, el que posiblemente pueda ser más complejo de gestionar porque será menos voluntario y tendrá unos objetivos concretos asociados al aprendizaje y al trabajo académico. Y el tercero será el más general, el del colegio, instituto o universidad, que nos integra en un colectivo más lejano y posiblemente de menor influencia directa, pero que también puede tener cierta relevancia.

De cualquier forma, independientemente de la cantidad de grupos y colectivos con los que se interactúe, la necesidad básica en todos los casos es la misma: sentimiento de pertenencia, cuidar y ser cuidado, sentirse seguro y respetado. Así que aunque con frecuencia los profesores le den muchas vueltas a cómo configurar los grupos y equipos, desde el punto de vista de lo que pueden aportar a la motivación por el estudio lo importante no es la diversidad ni la complementariedad, sino la cultura de respeto mutuo. Que dé lugar al predominio de comportamientos y actitudes favorecedoras de unas relaciones constructivas y que sus miembros sientan seguridad psicológica. Es decir, que puedan hablar de lo que les preocupa o dar sus opiniones, sabiendo que serán comprendidos. El "termómetro" de medida en este caso es claro: sensación de bienestar y seguridad durante ese tiempo que están juntos.

No debemos olvidar que para conseguir este ambiente hay que dedicar tiempo y recursos a investigar si las personas perciben esta actitud positiva en todos y cada uno de los colectivos en los que se integran, los informales, los formales y los más generales. Y, evidentemente, también respecto a la persona que les enseña, como hemos explicado al hablar de *autonomía* y *competencia*.

> *La creación de una cultura de relaciones motivadoras podría guiarse por tres grandes ideas, que podemos sintetizar con el acrónimo REA: respeto, escucha y aprecio (9).*
>
> *Respeto: Tratar a los demás con el mismo respeto con el que nos gustaría que nos trataran a nosotros, siendo educados y amables. Evitar las acusaciones y las críticas a la persona. A la hora de argumentar, aclarar lo que son hechos y datos y lo que son percepciones y sentimientos personales.*
>
> *Escucha: Practicar la escucha activa, mostrar interés (corporal y verbal). Ser paciente, hacer preguntas exploratorias, no interrumpir. No pensar en rebatir o contestar a cada comentario.*
>
> *Aprecio: Interesarse honestamente por los demás. Reconocer el trabajo y los esfuerzos. Dar las gracias con frecuencia. Ofrecer nuestra ayuda, tanto en temas formales como en informales.*

Para terminar con este apartado, dado que estamos hablando de aprender, quizás usted se esté haciendo una pregunta clave: además de la motivación, ¿las *relaciones* son capaces de mejorar el resultado del aprendizaje? La respuesta no es sencilla, pero en algunos de los estudios mencionados al inicio de este capítulo se identifica una clara asociación entre la satisfacción de la necesidad de *relaciones* y la motivación por el estudio y el aprendizaje. Así que podemos considerar que una buena estrategia para aumentar las posibilidades de motivación por aprender es haciéndolo en compañía. O, mejor dicho, en buena compañía. En ocasiones esta aportación puede ser clave, sobre todo cuando los deseos básicos no están especialmente alineados con el proceso concreto de aprendizaje (el *interés* por la materia no es destacable) o la *autonomía* no es la que sería deseable.

En el siguiente capítulo puede encontrar cuestionarios para evaluar las necesidades básicas, entre las que se incluye la de *relaciones*. También un cuestionario específico sobre soledad percibida para situaciones más difíciles, en las que haya problemas serios y sea necesario profundizar.

Trabajo y motivación: ¿Realidad u oxímoron?

Estudiar no siempre es fácil y requiere de cierto grado de esfuerzo, así que la motivación puede jugar un papel importante para lograr el éxito. Pero si hablamos de actividades que requieren esfuerzo continuo y nos centramos en los adultos, seguramente lo primero que nos vendrá a la cabeza es el trabajo.

A lo largo de la historia del ser humano la necesidad de trabajar ha sido considerada como una especie de mal ineludible, llegando a mencionarse incluso entre las penitencias bíblicas: *"con el sudor de tu rostro comerás el pan"*, dice el Génesis en su capítulo tercero. El trabajo parece indefectiblemente asociado al esfuerzo y a la obligación de conseguir recursos para dar respuesta a necesidades básicas para la supervivencia. Una especie de evolución civilizada de las difíciles y duras tareas de depredación que tienen que hacer otros animales y de la caza y recolección que practicaban nuestros ancestros.

Y parece que así lo seguimos percibiendo. Normalmente no se habla de *motivación por trabajar*, sino de *necesidad de trabajar*. Se calcula que el 70% de los trabajadores norteamericanos no se sienten implicados en sus empresas, más bien al contrario (10). Ni tampoco demasiado felices, ya que uno de los principales focos de estrés es precisamente este ámbito. Las cuestiones relacionadas con el trabajo y la carrera profesional siempre aparecen entre los primeros puestos cuando se analizan las razones por las que nos arrepentimos de algo a lo largo de nuestra vida (11).

En general una empresa no está diseñada ni pensada desde la perspectiva de la motivación. Para los propietarios, gestores y responsables, casi siempre son las necesidades del cliente, las de los accionistas o incluso la naturaleza de los productos o servicios los que determinan su estructura y funcionamiento.

Por otro lado, desde el punto de vista de las personas trabajadoras, está universalmente asumido que el fin último del trabajo es el recibir un salario que permita disponer de recursos para poder utilizarlos para vivir su vida. Esta forma de pensar implica que trabajar es algo negativo (y que las personas no desean hacerlo) por lo que es necesario compensarles económicamente. Y que en principio, cuanto menos se trabaje, mejor. Es decir, "*la gente lo que quiere es trabajar poco y ganar mucho*".

Todos estos argumentos suenan tan redondos y son tan de sentido común que parecen irrebatibles, razón por la que siguen siendo preponderantes entre la mayoría de las personas, incluyendo a las que gestionan las empresas (12).

Pero según la teoría de la autodeterminación las compensaciones externas por hacer algo son en cierta medida contradictorias con la consecución de la motivación intrínseca. Así que la motivación impulsada por un factor como el salario no suele ser considerada por los defensores de la teoría de la autodeterminación como la "mejor" motivación, ya que no surgiría como consecuencia de un deseo o necesidad que se suscita de forma interna y espontánea, sino por la necesidad de cobrar a final de mes (13).

Sin embargo, desde una perspectiva general, el salario también permite conseguir *autonomía*, ya que en la sociedad actual el dinero es un bien necesario para poder disponer de alimentos, vivienda, recursos, servicios… y tiempo. De ahí que sea tan importante recibir de una cantidad que se considere razonable o adecuada (que se suele valorar y establecer en función del entorno y de comparaciones cercanas). Desde el punto de vista del *interés*, el salario también puede tener valor para la satisfacción de ciertos deseos básicos. Es un factor fundamental cuando se valora el *estatus*. Y muy susceptible de ser relevante para quienes buscan el *ahorro*. En algunos casos podría percibirse útil como mecanismo intermedio para conseguir cierta capacidad de *poder,* atender mejor a la *familia o* dedicarlo al *idealismo*, para mejorar la sociedad.

Es decir, que independientemente de que el salario pueda influir en la motivación por trabajar – más adelante profundizaremos más en esta cuestión – también puede tener su aportación positiva a la satisfacción de deseos y necesidades. Y un adecuado conocimiento de las mismas puede ayudar a entender la valoración personal e importancia que le dé cada uno, que puede tener matices bastante diversos.

Pero el salario no es el único condicionante o regulador con el que nos vamos a encontrar a la hora de analizar la motivación y el trabajo. Puede haber otros factores influyentes que pueden desplazar la motivación, que podrían resumirse en tres conceptos: miedo a perder el trabajo, percepción de injusticia y falta de recursos (tiempo, materiales, financieros...) (14).

Por otro lado, no se debe olvidar que la mayoría de las personas tienen deseos y necesidades relacionadas con actividades más allá del trabajo, por lo tanto conviene facilitar contextos en los que se pueda dar respuesta a todos los deseos y necesidades, no solo los profesionales (15).

Teniendo en cuenta todo esto, antes de entrar en detalles sobre la motivación, los deseos y las necesidades y su relación con las actividades laborales, podríamos resumir los condicionantes previos que pueden desplazar la consecución de la motivación en el trabajo en estas cuatro cuestiones:

1. Falta de seguridad en mantener el trabajo.

2. Considerar el salario y/o las compensaciones injustos.

3. No disponer de medios, recursos y tiempo necesarios para realizar todo el trabajo.

4. Sin posibilidades para conciliar la vida personal y laboral.

Si se consigue un contexto en el que se da una respuesta razonablemente positiva a estas cuatro cuestiones, puede haber llegado el momento de mirar desde la perspectiva de la motivación y entrar en detalles sobre cómo podemos crear un contexto para aumentar la misma, en relación a las actividades que realizamos en el trabajo. Si, por el contrario, estos temas son relevantes y están generando problemas importantes, lo primero que habrá que hacer, antes que cualquier otra cosa, será intentar encauzarlos adecuadamente.

Trabajo e interés

Supongamos entonces que partimos de unas condiciones mínimas, una situación laboral en la que los temas "higiénicos" o "básicos" como los que acabamos de ver están más o menos canalizados. En ese caso podemos empezar a intentar aplicar la perspectiva de la motivación, de acuerdo a nuestro modelo y las cuatro necesidades.

En lo que respecta al *interés*, podríamos identificar dos planos diferentes en los que el trabajo puede dar respuesta a los deseos básicos de una persona. El primero y más evidente está relacionado con las actividades concretas y operativas que realice en su día a día. Sin duda son las que en mayor medida pueden influir, ya que convive con ellas continuamente. Pero también hay un segundo plano relacionado con el propósito de la empresa (a qué se dedica) y su visión (cuáles son sus objetivos), que pueden tener cierta contribución en este sentido. Por ejemplo, considerando la divergente naturaleza de sus servicios, la aportación al *interés* que pueden hacer un hospital público, que se dedica a curar a la gente (propósito) y que puede perseguir el ofrecer todo tipo de servicios sanitarios (visión), puede ser muy diferente a la de un banco muy competitivo, que primordialmente presta dinero (propósito) y que quizás quiera ser el líder en su segmento de mercado (visión).

Vamos a comenzar con lo más cercano, con la influencia de la tipología de las actividades operativas que realizan las personas y las responsabilidades directas asociadas a esta actividad laboral.

Aunque su capacidad de poder dar respuesta a la consecución de los deseos básicos es más que obvia, lo cierto es que en el entorno laboral no se suele hacer un análisis riguroso, en el que primero se identifiquen los deseos básicos para poder ajustar mejor el tipo de actividad laboral. Ni por parte de quienes buscan empleo, ni por parte de quienes lo ofrecen.

No siempre es fácil encajar los diversos tipos de tareas y actividades laborales y los deseos de las personas. Ni todas las tareas son siempre las mismas, ni las personas conocen ni muestran siempre de forma clara deseos básicos compatibles con ellas. Además, también hay que tener en cuenta otras capacidades y habilidades, además del *interés*. Pero si hay una complementariedad clara, el potencial puede ser importante y digno de tener en cuenta.

Por ejemplo, posicionar a personas especialmente curiosas en actividades de I+D, a defensores del *orden* en los almacenes o administración o a interesados en influir en los demás (*poder*) en puestos de dirección, son casos fáciles de entender.

La lista de deseos básicos puede ser una herramienta interesante para encontrar potencialidades, pero también incompatibilidades, tanto desde la perspectiva del trabajador, como la del empleador. Por ejemplo, alguien puede ser muy riguroso gestionando y tener grandes capacidades tecnológicas, pero si no le mueve la *curiosidad*, quizás nunca esté demasiado motivado por sus actividades de I+D. Por otro lado, un gran técnico ascendido puede convertirse en mediocre responsable, agobiado y sobrepasado por sus responsabilidades directivas o por manejar sus relaciones con colaboradores, sobre todo si es una persona que nunca ha tenido ningún deseo ni necesidad de influir en los demás (*poder*).

Veamos más casos: Las actividades comerciales, necesarias en cualquier tipo de empresa, pueden satisfacer diferentes deseos. Para una persona con un fuerte deseo de *honor*, el poder resolver satisfactoriamente las quejas y reclamaciones de clientes, actuando como una especie de defensor, puede resultar muy interesante. En el caso de una persona con un agudo deseo de *ganar*, puede que le motive especialmente la posibilidad de ser vencedor en un programa de incentivos. Y para una persona con gran deseo de *poder*, puede que le produzca especial satisfacción la posibilidad de ser capaz de persuadir al cliente con argumentos trabajados y poderosos.

En el otro extremo, también habría que identificar los posibles rechazos o emociones negativas apoyándose en los deseos básicos. Para una persona con deseo de *aprobación* intenso, es probable que le afecte mucho una respuesta negativa por parte del cliente o el miedo a resultar pesado. Para una persona que da prioridad al deseo de *tranquilidad* quizás le resulte especialmente inquietante la incertidumbre de las posibles reacciones del potencial cliente. En el caso de una persona que da mucha relevancia al *honor*, puede que le genere rechazo utilizar argumentos que considera poco honestos o exagerados para intentar persuadirle a comprar.

Para contrarrestar todo esto también podemos utilizar la perspectiva de la motivación, favoreciendo las situaciones que provoquen recompensa o satisfacción y minimizando las que generen rechazo, modificando convenientemente las actividades. Por ejemplo, en el caso de la persona con deseo de *aprobación* intenso y a la que le preocupa mucho molestar al cliente, se podría considerar incorporar como apoyo a otra persona especialista en realizar "llamadas frías" masivas, cuya tarea sería la de conseguir una lista filtrada con los potenciales clientes, más dispuestos a recibir información. O, en el caso de la persona que valora mucho el *honor* y que no quiere utilizar exageraciones para convencer al cliente, se podría preparar un argumentario honesto, con el que se sienta cómodo y que no entre en conflicto con sus valores. A una persona con un deseo de *estatus* intenso, se le podrían ofrecer condiciones y beneficios que faciliten su contacto con el cliente y que a la vez le satisfagan en este sentido: vestimenta de marca, comidas con clientes, coche para visitas...

En resumen, de lo que se trata es de analizar la compatibilidad o coherencia entre las actividades y responsabilidades de un puesto de trabajo con los deseos esenciales que movilizan a una persona. Cuanto más compatibilidad haya, más probabilidad habrá de que esa persona se muestre motivada en estas actividades (16).

Pero la tipología de la actividad y su compatibilidad con los deseos básicos no es lo único importante al hablar de la motivación en el trabajo y el *interés*. Hay cuestiones organizativas y variables operativas transversales y comunes que también pueden impactar sobre los deseos básicos y en la motivación.

Por ejemplo, pensemos en una persona con elevada afinidad por el deseo *familia*, es decir, que da prioridad todo lo que le facilita el criar a sus hijos. Sin duda le resultarían especialmente motivadoras condiciones como las siguientes:

- Horario-jornada flexible.

- Trabajo desde casa y autogestionado.

- Otros programas de conciliación trabajo/familia.

- Becas para hijos.

Para el caso de una persona con un importante inquietud por la posición social, es decir, por conseguir *estatus*, éstas podrían algunas condiciones muy valoradas:

- Ser miembro de la alta dirección.

- Actividades representando a la empresa.

- Plan de promoción y reconocimiento.

- Trabajar en una empresa líder y conocida.

Insisto en que las posibilidades son muchas y que la gestión de esta perspectiva debe realizarse de una forma muy personalizada e individual. Pero tanto la tipología de las actividades como las condiciones organizativas pueden influir en la consecución de los deseos básicos y el *interés*, e impactar de forma muy importante en la motivación. Todo este análisis puede ser un enfoque muy interesante para intentar compatibilizar mejor las necesidades de las personas y las de la empresa, para descubrir las razones reales por las que las personas están más o menos motivadas en su puesto de trabajo e incluso para intentar hacer cambios que permitan mejora la situación.

Para abordar todo ello, recuerde que en el último capítulo dispone de un cuestionario que le pueden ayudar a identificar sus deseos básicos prioritarios y más influyentes en su motivación.

Pasemos ahora al segundo plano que mencionaba al inicio de este apartado y que también puede influir en el *interés*: el propósito y la visión de la empresa.

Imaginemos una ingeniera que trabaja como responsable de soporte a clientes en una empresa de informática, que ofrece a sus clientes servicios de tecnologías de la información. Y otra que trabaja con el mismo cargo, pero en una organización benéfica. Pues bien, es probable que las actividades operativas que tengan que realizar ambas sean bastante similares; y en la medida en la que coincidan con sus deseos básicos y su interés, las realizarán con mayor o menor motivación. Pero la naturaleza y misión de las empresas en las que trabajan (empresa informática versus organización benéfica) son bastante diferentes, y probablemente también lo sean su cultura y visión, así que también esta perspectiva puede influir positiva o negativamente en la consecución de sus deseos básicos.

Por ejemplo, si una de las ingenieras tiene como uno de sus deseos básicos el *idealismo*, su trabajo le resultará posiblemente más motivador si lo lleva a cabo en una organización benéfica que en una empresa de informática. Pero si es el *poder*, quizás disfrute más en una empresa en la que tiene más posibilidades de acceder a un puesto de responsabilidad y tener gente a su cargo.

Para conocer casos reales de cómo el propósito y la visión de una empresa pueden tener la capacidad de alinearse con los deseos básicos y aportar motivación, a continuación vamos a ver algunos ejemplos de empresas conocidas, cuyos responsables han redactado de forma breve y concisa estos conceptos (17):

Sony (en los años 50): *"Convertirse en la empresa más conocida por cambiar la mala imagen sobre la calidad de los productos japoneses. Dentro de cincuenta años, nuestra marca será tan conocida como cualquier otra en el mundo y significará innovación y calidad. "Hecho en Japón" significará que algo es bueno.".*

American Express: *"Ser la marca de servicios más respetada del mundo. Para ello hemos establecido una cultura que apoya a los miembros de nuestro grupo, para que puedan aportar un servicio excelente a nuestros clientes".*

Patagonia (ropa deportiva): *"Desarrollar el mejor producto, no causar daño innecesario, utilizar el negocio para inspirar y aplicar soluciones a la crisis ambiental".*

Facebook: *"Dar a la gente el poder de compartir y hacer el mundo más abierto y conectado. "*

Amazon: *"Ser la empresa más centrada en el cliente del mundo, donde los clientes puedan encontrar y descubrir cualquier cosa que quieran comprar on-line, que se esfuerza por ofrecer a sus clientes los precios más bajos posibles".*

BBC: *"Enriquecer la vida de las personas con programas y servicios que informen, eduquen y entretengan".*

Google: *"Organizar la información del mundo y hacerla universalmente accesible y útil".*

Coca-Cola: *"Refrescar el mundo, inspirar momentos de optimismo y felicidad, crear valor y marcar la diferencia.*

Médicos sin fronteras: *"Ayudar a las personas de mayor necesidad de todo el mundo, ofrecer ayuda médica de emergencia a las personas afectadas por conflictos, epidemias, desastres o sin atención sanitaria".*

Ferrari*: "Fabricar coches deportivos únicos que representan lo mejor del diseño y la artesanía italiana, tanto en pista como en carretera ".*

Nike*: "Aportar inspiración e innovación a cada atleta en el mundo. Si tienes un cuerpo, eres un atleta."*

Si usted no está muy familiarizado con el mundo de la gestión empresarial, quizás solo le parezcan frases rimbombantes, con mucho marketing y poco más. Pero si dedica un tiempo a investigar y analizar la historia y los avances de cada una de estas empresas, podrá comprobar que la mayoría han sido bastante fieles a los principios y perspectivas que declaran.

Evidentemente, quienes pensaron y redactaron estos textos probablemente también tuvieron en cuenta otros factores muy diferentes a los deseos de las personas, como los relacionados con los mercados y la economía. Pero si hay coherencia, el propósito y la visión de la empresa pueden aportar su granito de arena en la motivación de aquellas personas que valoren especialmente las ideas que subyacen tras todas esas frases. Porque podrán comprobar que tanto sus actividades del día a día como la empresa en la que trabajan, alimentan sus deseos y necesidades.

Esta *transmisión de energía* entre la empresa y las personas puede ser útil en ambos sentidos. Por un lado, a la hora de contratar personas podría evaluarse la correlación entre sus deseos y el propósito y visión de la empresa. Y por otro, durante el proceso de definición y despliegue de la visión y la estrategia se podría considerar la posibilidad de incluir ideas asociadas a este tipo de deseos, si lo que se busca es un gran compromiso e implicación de las personas en este sentido. No es cuestión de hacer una especie de popurrí de deseos del personal e introducirlos en el propósito, ni mucho menos. Se trata de entender que en cada persona existe una priorización de deseos básicos que son capaces de generar un interés innato y que si es posible introducir algo de ellos en la esencia y objetivos a largo plazo de la empresa, pueden tener capacidad de contribuir a la motivación

En los ejemplos anteriores se puede comprobar que, además de claras referencias a productos, actividades y clientes, hay casos con orientación al bien común y a la sociedad (*idealismo*), otros en los que se hace especial hincapié en la categoría (*estatus*) y a conseguir ser el mejor en su segmento o incluso en el mundo (*ganar*). ¿Se atreve a intentar identificarlos?

Autonomía, relaciones y trabajo

Si al analizar la autonomía en el ámbito educativo nos encontrábamos con muchos dogmas y barreras, en el contexto empresarial la situación es similar. En los procesos de creación y desarrollo de las empresas suelen coincidir circunstancias que, unidas a algunos aspectos de la naturaleza humana, han universalizado algunos principios bastante antagónicos con los factores de la motivación. Por ejemplo, la jerarquía sigue siendo uno de los criterios fundamentales para la organización empresarial. De la misma forma que no hay ejército sin escalafones, no hay empresa en la que no se haya definido la autoridad y las responsabilidades a la hora de tomar las decisiones. Probablemente este modelo es consecuencia dela evolución social, del paso de organizarse en torno a pequeños grupos de cazadores recolectores, en los que la cooperación y la ayuda mutua era absolutamente prioritaria, a sociedades más complejas y formadas por muchos más miembros, con posibilidad de acumulación de recursos (sobre todo gracias a la agricultura y la ganadería), en las que la jerarquía y la competencia puede favorecer a unos pocos (18).

Por otro lado, también existe una clara tendencia a agrupar personas que llevan a cabo actividades con características similares - los clásicos departamentos - ya que suelen compartir perspectivas y tienen un lenguaje común, aspectos que se suelen considerar importantes a la hora de resolver cuestiones de trabajo. Algo también útil a la hora de buscar afinidades personales y agrupar y fortalecer conocimientos muy específicos.

Y, para terminar, no debemos olvidar que al final de la secuencia de la cadena de actividades empresariales está el cliente, al que hay que satisfacer para asegurar la sostenibilidad de la organización y el pago de los salarios. Algo que, teóricamente, todavía sigue siendo la razón principal y oficial por la que trabajamos.

Pues bien, en base a estos y otros principios básicos, casi todas las empresas disponen de mecanismos y métodos comunes con los que organizarse y funcionar. Y la forma en la que se suele estructurar todo, algo que en principio parece necesario para poder tener bajo control sistemas tan complejos como las empresas, tiene también su parte negativa. Exige más burocracia y tareas de poco valor añadido, ralentiza la toma de decisiones… y puede ser un problema para la motivación. Porque cuando todo está muy organizado, con criterios jerárquicos y dividido en grupos de especialistas, se corre el riesgo de hacer desaparecer la *autonomía*, una necesidad fundamental en este sentido. Si las personas deben obedecer órdenes de otros, cumplir objetivos marcados por otros y seguir instrucciones definidas por otros, su capacidad de toma de decisiones se limita enormemente y su sensación de libertad prácticamente desaparece.

La investigación sobre gestión empresarial lleva décadas aportando indicios de que este modelo organizativo no es el óptimo para los tiempos que corren, en los que los cambios son continuos y acelerados. Las recomendaciones de expertos se inclinan por reducir los niveles jerárquicos, mejorar la comunicación y la participación, aumentar la flexibilidad y confiar en el buen hacer de las personas. E implementar enfoques y metodologías de gestión que ayuden a conseguir todo ello (19).

Uno de estos enfoques es el trabajo en equipo, que no es más que una forma de llamar a pequeños grupos de personas que tienen objetivos comunes, cierta autonomía, capacidad de organizarse por su cuenta y tomar decisiones. Podría considerarse que los equipos son una de las principales herramientas con la que las empresas pueden aportar *autonomía* a las personas (20) y los estudios indican que puede ser una herramienta útil para mejorar aspectos globales como el rendimiento y la satisfacción (21), lo cual directamente podría impactar en la motivación.

Los equipos están formados por personas que tienen que interactuar y organizarse para desenvolverse en un contexto en el que hay que conseguir ciertos objetivos, bajo presión y probablemente con recursos muy ajustados. Así que realmente hay dos elementos de la motivación, la *autonomía* y las *relaciones*, que deberían ser prioritarios durante su diseño y configuración. Los estudios y revisiones sistemáticas sobre el tema son innumerables y si analizamos los resultados desde la perspectiva de la motivación y centrados en estas dos necesidades, podemos ver que las claves para crear un equipo son de bastante sentido común, que podríamos resumir mediante unas directrices bastante sencillas (22):

- Incluir en el equipo miembros que aporten capacidades y habilidades con cierta complementariedad para las tareas previstas y objetivos buscados. No es necesario buscar la perfección ni obsesionarse, se trata simplemente de que sus miembros estén capacitados para entender y abordar las actividades o retos que puedan surgir.

- Asegurar cierta estabilidad del equipo. Las personas necesitan algo de tiempo para conocerse y saber cómo relacionarse. Y no les gusta nada deshacer las relaciones satisfactorias ya establecidas.

- Promover un buen ambiente, y una cultura REA (*respeto, escucha* y *aprecio*). Prever y gestionar posibles conflictos, facilitando los mecanismos de información y comunicación.

- Fomentar la autonomía del equipo, facilitando la disposición de recursos y métodos, que permita a sus miembros gestionar las cuatro fases: establecer objetivos, planificar y ejecutar actividades, realizar el seguimiento y mejorar.

Dicho de forma todavía más resumida, podríamos afirmar que un buen equipo es aquel que tiene buen ambiente entre las personas y es riguroso y sistemático a la hora de gestionarse. Esas dos grandes directrices no solo permiten que los equipos sean eficientes y eficaces, también facilitan la motivación de sus integrantes.

Por otro lado, todo lo que hemos dicho sobre las *relaciones* en el ámbito educativo es aplicable en el contexto laboral. También existen dos planos de interacción, el informal (las interacciones sociales que hacemos voluntariamente) y el formal (las que nos obliga el organigrama o el modelo organizativo). Para dar respuesta al primero suele bastar con facilitar momentos de contacto informales, tiempo para conversar, cercanía, etc. Una zona para tomar café, un comedor, un espacio común de trabajo (abierto y con pocos despachos) o algún evento periódico fuera del contexto laboral (cenas, comidas, encuentros…) pueden ayudar, nuestros instintos sociales actuarán e irán creando vínculos que den respuesta a la necesidad psicológica de pertenencia.

Lo cierto es que estas relaciones informales son las que más suelen aportar a la motivación. En consecuencia, su ausencia puede ser un poderoso factor desmotivador, directamente relacionado con la ansiedad y que afecta negativamente incluso a procesos cognitivos básicos y al desempeño más esencial. De hecho, los expertos han comprobado que el sentimiento de soledad se asocia sobre todo a la falta de este tipo de relaciones y que es una de las situaciones más dolorosas y poco deseadas en la vida y en el trabajo, que puede afectar aproximadamente a una de cada diez personas (24). Y que, por lo tanto, debería abordarse prioritariamente en cualquier organización.

Respecto al segundo plano, el formal, en el que interactuamos con jefes, con compañeros de proyecto, con clientes, etc., normalmente no lo hacemos para hablar de lo que más nos apetece o más nos preocupa, sino para tratar y resolver cuestiones relacionadas con el trabajo. Y, como puede imaginar, este plano es más complejo y crítico de gestionar, ya que puede estar bastante alejado del ámbito de las decisiones personales y suele depender del esquema organizativo de la empresa: jerarquía, departamentos, procesos, proyectos, equipos de trabajo, etc.

De cualquier forma, también en este caso la mejor forma de aumentar las posibilidades de aportar positivamente a la motivación - e incluso satisfacer la necesidad de pertenencia a un grupo - es desplegando la cultura REA: Respeto, escucha y aprecio, de la que hemos hablado en el apartado anterior. A todos los niveles y especialmente entre aquellos que tienen personas a su cargo.

La creación de un contexto de motivación con todas estas recomendaciones también debería ser considerado como una prioridad fundamental para todas las personas que ejercen el liderazgo en una empresa. En la práctica significa que estas personas deben empoderar a otras para que sean capaces de gestionar y tomar decisiones, dándoles recursos y métodos (*autonomía*), facilitar recursos para el desarrollo competencial y dinamizar el interés por la excelencia y las mejores prácticas (*competencia*), conocer sus deseos básicos y trabajar por su alineación con los objetivos a conseguir (*interés*) y cultivar unas relaciones basadas en el respeto, preocupándose por sus inquietudes, problemas y necesidades y ayudarles, en la medida de lo posible, a resolverlas (*relaciones*).

Lamentablemente, con frecuencia la situación es la opuesta; las estadísticas indican que una de las principales razones por las que las personas cambian de puesto de trabajo son sus jefes (25). Algunos de estos datos son especialmente alarmantes, ya que encuentran entre la más alta dirección un porcentaje excepcional de sujetos sin ningún tipo de empatía y con elevado grado de características asociadas a la psicopatía (26). Es cierto que al ejercer el liderazgo no solo se debe tener en cuenta la motivación de las personas, ya que existen necesidades y expectativas de otros grupos de interés, así como condicionantes del entorno que pueden ser muy relevantes, pero un enfoque contrario a todo lo que hemos comentado, basado en comportamientos destructivos y en un liderazgo basado en el miedo, puede hacer un daño inmenso a la organización y a las personas que la componen (27).

Supongamos que la situación es la menos deseable respecto a las *relaciones*: un conflicto importante entre ciertas personas, que dificulta significativamente la convivencia. En este caso deberíamos hacer todo lo posible por poner sobre la mesa el problema ante los responsables que corresponda, con el objetivo de buscar medidas para su resolución. En caso contrario, si las fricciones y el malestar van en aumento, su influjo puede ser capaz de anular completamente la motivación y destruir todo el trabajo que hagamos desde otras perspectivas.

La convivencia no es fácil, ni mucho menos. Pero si por nuestra parte ponemos lo que hace falta, probablemente las buenas *relaciones* que desarrollemos en el trabajo trascenderán a otros ámbitos. Y conseguiremos buenas amistades, algo de valor incalculable y que no se paga con dinero, que además hará que nuestra vida sea, sin ninguna duda, mejor.

Otras cuestiones laborales

Tras haber conocido cómo pueden influir el trabajo y las actividades laborales en la satisfacción de las diferentes necesidades y deseos, es probable que le hayan surgido dudas respecto al posible impacto en la motivación de otras cuestiones relacionadas con el trabajo. Así que vamos a hacer un repaso rápido de algunas de ellas:

Competencia motivadora: Seguramente se habrá dado cuenta que en el apartado anterior no hemos mencionado la necesidad *competencia*. La razón es que no hay diferencias ni puntualizaciones significativas sobre el tema que sean diferentes o complementarias a lo que ya hemos dicho en capítulos anteriores. El talento y la consecución de resultados extraordinarios son también muy motivadores en el trabajo. Y, por el contrario, una falta de sentimiento de competencia puede ser un factor de desmotivación poderoso. Sin embargo, lo cierto es que en este entorno las acciones formativas suelen estar poco dirigidas a fomentar la excelencia. Suele pensarse que si alguien es ingeniero o comercial, no necesita formación en diseño ni en ventas, porque precisamente esa es su especialidad. Pero teniendo en mente que lo realmente motivador es la maestría y la excelencia, la formación no debería escatimarse, ni siquiera en cuestiones en las que ya se es un experto. Al contrario, esa es una buena razón para aportar aún más.

Incentivos motivadores: Una de las iniciativas más habituales que se suelen abordar en las empresas para fomentar la motivación suelen ser los de incentivos económicos, es decir, la del palo y la zanahoria. Pero tras conocer la complejidad de la motivación, supongo que ya habrá deducido que las cosas no son tan sencillas. Según los estudios, la utilización de incentivos puede tener algún efecto beneficioso, como cierto aumento de la motivación en las personas poco motivadas y aumento del rendimiento. Pero también efectos contraproducentes, como la desmotivación de las que ya estaban motivadas y el descenso del rendimiento al retirar los incentivos (29). Así que a la hora de utilizar este recurso hay que considerar cuáles son los objetivos concretos que se persiguen y cuál es la situación de las personas a las que se le va a ofrecer. Puede ser un mecanismo útil para mejorar el rendimiento y la productividad en determinadas circunstancias, pero no parece especialmente valioso para mejorar la motivación ni para promover cambios duraderos, sobre todo cuando el incentivo toma demasiado protagonismo y se erige como fin último (30).

Objetivos motivadores: Lo hemos dicho varias veces, los objetivos también son importantes para la motivación. Y en el trabajo, donde precisamente los objetivos se utilizan para concretar metas y logros en un horizonte temporal concreto y suelen estar claramente establecidos, su relevancia es incluso mayor. Respecto a las cuatro necesidades, la gestión de los objetivos debería ser coherente con todo lo que hemos visto (31), así que se podrían fomentar las siguientes circunstancias para generar un contexto favorable para la motivación:

1. *Interés*: Analizar la coherencia entre los valores personales, los deseos básicos y los objetivos y trabajar por su alineamiento.

2. *Autonomía*: Posibilidad de participar en el establecimiento y concreción de los objetivos y de realizar su seguimiento y ajuste.

3. *Competencia*: Existencia de planes de mejora de las competencias, que permitan la consecución de los objetivos gracias a la excelencia.

4. *Relaciones*: Establecer, gestionar y perseguir objetivos compartidos (por equipos, áreas, departamentos…). Implementar mecanismos para encontrar apoyo ante las dificultades y celebrar los éxitos y los logros conseguidos.

Reconocimiento motivador: El reconocimiento es un término muy utilizado en el contexto laboral, sobre todo desde su perspectiva menos constructiva: "*no me siento reconocido en el trabajo*". En el tercer capítulo hemos hablado sobre cómo las personas podemos entender este concepto (le recomiendo releer todo lo que decíamos) y hemos comprobado que las diferencias de interpretación pueden ser muy amplias, en función de cómo se satisfagan las diferentes necesidades. Así que la mejor forma de conseguir que las personas se sientan reconocidas en el trabajo es adaptando el reconocimiento a sus necesidades y deseos, tal y como hemos explicado en esas páginas.

Desarrollo profesional y motivación: Detrás del argumento "*busco más posibilidades de desarrollo profesional*" se pueden identificar con bastante claridad varias necesidades y deseos básicos. Es decir, que quizás en el fondo se estén buscando cosas diferentes. Desde la perspectiva del elemento *interés*, detrás de la percepción de necesidad de desarrollo profesional suelen estar sobre todo los deseos de posición social (*estatus*) e influencia (*poder*), que en la práctica se suelen traducir en expectativas de ascensos jerárquicos o aumento de responsabilidades. También podríamos estar ante la pretensión de satisfacer el deseo de nuevo conocimiento (*curiosidad*). O incluso el de *ganar*, que se podría ver frustrado en un entorno de actividades rutinarias, repetitivas y escasamente retadoras.

Pero lo cierto es que habitualmente las personas que dicen que buscan más desarrollo profesional lo que realmente precisan es un contexto con más capacidad para la *autonomía*. Perciben que no tienen posibilidades y apoyo para tomar decisiones ni para gestionar las actividades y recursos que ven a su alcance. También podemos encontrarnos con casos en los que la falta de desarrollo profesional se puede referir a un afán de llegar a mayores niveles de *competencia* y talento, a la necesidad de utilizar, explotar y desarrollar aquellas capacidades y habilidades que dominan de forma especial y de las que se sienten especialmente orgullosos.

En definitiva, el desarrollo profesional puede tener muchos matices y diferencias, en función de los deseos y necesidades que se quieran satisfacer y la perspectiva de la motivación puede ser una buena herramienta para aclararlo y para poder pensar y planificar acciones más efectivas y personalizadas para su abordaje.

Trabajar para vivir o…

Cuando usted comenzó este capítulo tal vez pensaba en la posibilidad de mejorar la motivación de las personas de su empresa. O quizás era usted mismo quien necesitaba mejorar su motivación en el trabajo y buscaba ideas para actuar. Fuera cual fuese su interés concreto, sus inquietudes pueden haber coincidido con una preocupación cada vez más presente en muchos ámbitos de decisión. En primer lugar porque, desde el punto de vista de las empresas, cada vez se acumulan más pruebas que asocian directamente la motivación con una mayor aportación de valor y con un aumento de la productividad. Y eso es lo que buscan los empresarios y clientes.

En segundo lugar, dado que pasamos una gran parte de nuestra vida en el trabajo, lo que allí ocurra influirá indiscutiblemente en nuestra salud y bienestar. Por eso, como no podría ser de otra forma, los indicadores que se suelen utilizar para medir la consecución de un bienestar existencial incluyen elementos íntimamente relacionados con el trabajo (32). Son tantas horas de dedicación, que la posibilidad de que lo que allí ocurra tenga un impacto emocional significativo en nuestro bienestar psicológico es muy elevada.

Ya que este libro pretende ayudarle a encontrar una vida mejor y más saludable, esta segunda perspectiva, la asociada a la salud y al tiempo que pasamos trabajando, es especialmente importante. Aunque la legislación para la prevención de riesgos laborales sigue trabajando especialmente por minimizar los accidentes y riesgos físicos, en un futuro cercano el gran reto estará en el ámbito de la salud psicosocial.

Por ejemplo, la prevalencia de la depresión se ha disparado a nivel mundial y su tendencia sigue siendo creciente. La Organización Mundial de la Salud (OMS) ha llegado a clasificarla como *la cuarta causa de discapacidad a nivel mundial*, con expectativas de que llegue a ser la segunda en unos pocos años. Las personas que la sufren llegan a perder más del triple de horas de trabajo que sus compañeros más afortunados (33).

Una tendencia similar se está observando en el estrés, un fenómeno que puede considerarse normal cuando ocurre puntualmente y en situaciones concretas, pero que puede convertirse en patológico cuando se vuelve crónico. Los estudios indican que gran parte de las causas que provocan el estrés tienen que ver con las actividades laborales y que aproximadamente un tercio de los trabajadores de las empresas pueden llegar a considerar su trabajo como extremadamente estresante (34). Por ejemplo, se calcula que anualmente en el Reino Unido se formalizan casi medio millón de casos de estrés, que suponen la pérdida de más de diez millones de horas de trabajo (35). Las investigaciones también asocian un elevado estrés laboral a la posibilidad de sufrir una significativa reducción de la esperanza de vida (36).

Desafortunadamente, el principio de "*trabajar poco y ganar mucho*" sigue siendo uno de los dogmas principales sobre los que se sustenta la relación entre las personas y el trabajo. Las personas directivas piensan en cómo incentivar continuamente a los trabajadores para que no se vean arrastrados por su supuesta falta de fuerza de voluntad. Y los trabajadores buscan su felicidad y bienestar precisamente detrás de esos dos objetivos principales: más ingresos y menos horas de dedicación.

Sin embargo, cada vez parece más evidente que quizás estas búsquedas están condenadas al fracaso y que no estamos apuntando al centro real de la diana.

Y que muchas cosas van a tener que cambiar. Cuanto antes.

Referencias:

(1)

How motivation affects academic performance: a structural equation modelling analysis (2012)

Autonomy, competence, and relatedness in the classroom Applying self-determination theory to educational practice (2009)

(2)

The Reiss Motivation Profile: What Motivates You? (2012)

(3)

A Meta-analysis of the Effectiveness of Intervention Programs Designed to Support Autonomy (2010)

Determinants and outcomes of motivation in health professions education: a systematic review based on self-determination theory (2016)

Motivating young language learners: A longitudinal model of selfdetermined motivation in elementary school foreign language classes (2017)

A self-determination theory approach to predicting school achievement over time: The unique role of intrinsic motivation (2014)

A New Autonomy-Supportive Way of Teaching That Increases Conceptual Learning: Teaching in Students' Preferred Ways (2016)

''I'll do it later'': Type of motivation, self-efficacy and homework procrastination (2014)

Intrinsic and internalized modes of teaching motivation (2013)

Identifying configurations of perceived teacher autonomy support and structure: Associations with self-regulated learning, motivation and problem behavior (2012)

How motivation affects academic performance: a structural equation modelling analysis (2011)

Students' Needs, Teachers' Support, and Motivation for Doing Homework: A CrossSectional Study (2011)

Academic self-concept, autonomous academic motivation, and academic achievement: Mediating and additive effects (2011)

The effects of instructors' autonomy support and students' autonomous motivation on learning organic chemistry: A self-determination theory perspective (2010)

Variables affecting students' intrinsic motivation for school mathematics: Two empirical studies based on Deci and Ryan's theory of motivation (1994)

(4)

Teachers' Conceptions about the Child's Developmental Needs: A Structural Analysis (2016)

(5)

Engaging Students in Learning Activities: It Is Not Autonomy Support or Structure but Autonomy Support and Structure (2010)

The synergistic relationship of perceived autonomy support and structure in the prediction of self-regulated learning (2009)

(6)

How to encourage intrinsic motivation in the clinical teaching environment?: a systematic review from the self-determination theory (2015)

(7)

Does parental homework involvement mediate the relationship between family background and educational outcomes? (2011)

The role of parents' motivation in students' autonomous motivation for doing homework (2011)

(8)

Using Self Determination Theory Principles to Promote Engineering Students' Intrinsic Motivation to Learn (2016)

(9)

A Little Thanks Goes a Long Way: Explaining Why Gratitude Expressions Motivate Prosocial Behavior (2010)

Active listening in medical consultations: Development of the Active Listening Observation Scale (ALOS-global) (2007)

Active listening: The key of successful communication in hospital managers (2016)

A Study on the Impact of Rewards and Recognition on Employee Motivation (2013)

Gratitude and Well Being. The Benefits of Appreciation (2010)

In Praise of Gratitude. Harvard medical School Nov 2011

The Grateful Brain: The neuroscience of giving thanks (2012)

The effect of work relationships on organizational culture and commitment. Globoforce Workforce mood Tracker 2014

(10)

Report: State of the American Workplace. Gallup (2013)

(11)

The Burden of Stress in America. NPR/Robert Wood Johnson Foundation/ Harvard School of Public Health (2014)

What We Regret Most ... and Why (2008)

The top five regrets of the dying (2012)

(12)

People's Naiveté About How Extrinsic Rewards Influence Intrinsic Motivation (2017)

(13) A meta-analytic review of experiments examining the effects of extrinsic rewards on intrinsic motivation (1999)

(14)

Job burnout (2001)

Business-life balance and wellbeing: Exploring the lived experiences of women in a low-to-middle income country (2016)

(15)

Finding an Extra Day a Week: The Positive Influence of Perceived Job Flexibility on Work and Family Life Balance (2010)

Work, family or personal life: Why not all three? (2010)

The impact of work-life balance on the wellbeing of employees in the private sector in ireland (2013)

The relation between work–family balance and quality of life (2003)

Work, health and life study (2010)

Measuring Causal Attributions for Success and Failure: A Meta-Analysis of the Effects of Question-Wording Style (2010)

(16)

The normal personality (2008)

(17)

Building Your Company's Vision - Harvard Business Review (1996)

51 Mission Statement Examples from The World's Best Companies(2015)

A Study of the 2005 Fortune 500 Vision Statements (2005)

(18)

Adaptación de comportamiento: comprendiendo al animal humano (2009)

Ley de hierro de la oligarquía (1911)

The evolutionary and ecological roots of human social organization. (2009)

Sex equality can explain the unique social structure of hunter-gatherer bands. (2014)

Hierarchy in the Forest: The Evolution of Egalitarian Behavior (2001)

(19)

Governance in the Participative Organisation: Freedom, Creativity and Ethics (1999)

Perceived Control by Employees: A Meta-Analysis of Studies Concerning Autonomy and Participation at Work. Spector (1986)

Participation, Satisfaction, and Productivity: A Meta-Analytic Review (1986)

Participation's effects on performance and satisfaction: a reconsideration of research evidence   (1994)

Effects of Participation in Decision Making on Performance and Employee Attitudes: A Quality Circles Meta-analysis (2007)

(20)

Beyond the Holacracy Hype - HBR (2016)

(21)

Beyond Self-Management: Antecedents and Consequences of Team Empowerment (2010)

Does team training improve team performance? A meta-analysis. Ssalas y otros (2008)

(22)

A Meta-Analytic Review of Relationships Between Team Design Features and Team Performance (2006)

Team Self-Managing Behaviors and Team Effectiveness: The Moderating Effect of Task Routineness (2010)

Information Sharing and Team Performance: A Meta-Analysis (2009)

Task Versus Relationship Conflict, Team Performance, and Team Member Satisfaction: A Meta-Analysis (2003)

Personality and Team Performance: A Meta-Analysis (2006)

Deep-Level Composition Variables as Predictors of Team Performance: A Meta-Analysis (2007)

Do Smarter Teams Do Better? A Meta-Analysis of Cognitive Ability and Team Performance (2001)

Group Cohesion and Performance A Meta-Analysis (1991)

When Member Homogeneity is Needed in Work Teams A Meta-Analysis. Bowers y otros (2000)

The Impact of Rudeness on Medical Team Performance: A Randomized Trial. Riskin y otros (2015)

The Effect of Interactional Fairness on the Performance of Cross-Functional Product Development Teams: A Multilevel Mediated Model. Qiu y otros (2009)

Respect as an engine for new ideas: Linking respectful engagement, relational information processing and creativity among employees and team. Carmeli y otros (2015)

(24)

Loneliness in the Workplace: Construct Definition and Scale development. Wright y otros (2006)

Anxiety and social exclusion. Baumeister y otros (1990)

The role of intimacy in interpersonal relation. Reis y otros (1990)

Risk factors for loneliness in adulthood and old age--a meta-analysis. Pinquart y otros (2003)

(25)

State of the American Manager- Gallup (2015)

People Leave Managers, Not Companies. Forbes, Victor Lipman. 04/08/2015

(26)

The Psychopath Test: A Journey Through the Madness Industry. Ronson (2011)

1 in 5 CEOs are psychopaths, study finds - The Telegraph 13/09/2016

(27)

How bad are the effects of bad leaders? A meta-analysis of destructive leadership and its outcomes, Schyns y otros (2012)

(29)

Motivational Spillovers from Awards: Crowding Out in a Multitasking Environment. Gubler y otros (2015)

Incentives versus Reciprocity: Insights from a Field Experiment (2016)

(30)

Incentives, Peer Pressure, and Behavior Persistence. Gallani, 2017

(31)

A self-determination theory approach to goals. Koestner y otros (2014)

(32)

World Happiness Report. Helliwell y otros (2016)

(33)

The epidemiology of depression across cultures (Kessler y otros (2013)

Cost of lost productive work time among US workers with depression. Stewart y otros (2003)

(34)

The Burden of Stress in America. NPR (2014)

Stress...at work. NIOSH (1999)

Money and self-pressure are the leading major causes of stress internationally. GfK (2015)

(35)

Work related stress, anxiety and depression statistics in Great Britain 2016. Health and Safety executive (2016)

(36)

Exposure To Harmful Workplace Practices Could Account For Inequality In Life Spans. Goh y otros (2015)

CAPÍTULO 6
MI PLAN DE MOTIVACIÓN

Dependiendo de cuáles eran sus conocimientos previos, es posible que necesite cierto tiempo para poder digerir toda la información sobre la motivación que ha podido descubrir mediante este libro. Si se anima a recapitular en algunos de los temas tratados, quizás las ideas se le agolpen, pero en la medida en la que vaya asimilándolas y se vaya acostumbrando a mirar desde la perspectiva de la motivación, podrá tener una visión más sintética y clara de este nuevo punto de vista.

Debe tener claro que las iniciativas que pueda abordar para aumentar su motivación por el cambio de ciertos hábitos, basadas en las ideas de este libro o de cualquier otro, solo cubrirán una parte de todo lo que puede hacer para mejorar su vida. La motivación no es la panacea, pero es una herramienta más que puede ayudarle a mejorar. He querido mostrarle una perspectiva que quizás no haya conocido anteriormente, pero evidentemente hay otras que puede descubrir gracias a profesionales sanitarios u otros expertos que también pueden serle muy útiles.

También es posible que tenga gran cantidad de dudas respecto a cómo empezar a aplicarse todos estos principios, sobre cuáles podrían ser los primeros pasos, sobre si comenzar centrándose en la alimentación, el ejercicio, el estudio o el trabajo, respecto a qué necesidades o deseos priorizar. Pero, como ya le he comentado, no existen protocolos ni procedimientos rigurosamente contrastados en este sentido, así que tendrá que hacer uso de toda su *autonomía* e intentar crear su propio camino. Durante las próximas páginas podrá leer algunas sugerencias que pueden serle útiles para planificar y orientarse, así como varias listas y cuestionarios de evaluación. Pero tómelas solamente como tales: sugerencias.

Recuerde que también debe existir una predisposición, una actitud para la búsqueda personal de la motivación. Esta actitud debe materializarse mediante el conocimiento de las necesidades y deseos propios, identificándolos y aceptándolos. Posteriormente se podrá trabajar en integrarlos y alinearlos con las actividades y comportamientos. Por lo tanto, una buena forma de comenzar puede ser la de identificar lo mejor posible los deseos básicos. Aunque las personas sabemos perfectamente lo que más nos gusta, frecuentemente no somos conscientes de los deseos que puede haber detrás. Para ello, la herramienta desarrollada a tal efecto por el propio Steven Reiss, denominada "*Reiss Motivation Profile*" es un buen método. Como alternativa también puede utilizar el cuestionario que puede encontrar en próximas páginas.

Quizás durante este proceso usted crea que le moviliza un deseo básico no citado en la lista de los 14 deseos. Tal y como hemos visto, es posible que esto ocurra, ya que la lista no deja de ser una simplificación. Pero lo más probable es que lo que usted considere un deseo diferente pueda ser parte de uno de los ya incluidos.

Estos son algunos de los deseos que podrían añadirse (y que otros autores identifican en sus investigaciones), así como algunas reflexiones para asegurarse de que realmente son diferentes (1):

Apreciar la belleza: Es el deseo de buscar y disfrutar con las cosas que se consideran bellas y atractivas. Puede canalizarse de muy diversas formas, como el gusto por las artes o por las maravillas de la naturaleza. No debe confundirse con el *estatus*, ya que el aprecio por los objetos sofisticados y de diseño suele deberse a que simbolizan y transmiten un mayor nivel social. Para distinguirlo, si el valor material de las cosas es algo que se considera especialmente importante, es probable que se trate del deseo de *estatus*.

Religion y espiritualidad: La necesidad de seguir directrices religiosas y de orientarse hacia la búsqueda de la trascendencia, el más allá o un Dios puede movilizar especialmente a algunas personas. Esta necesidad puede confundirse con el deseo de seguir códigos éticos (*honor*), ya que con frecuencia las tradiciones religiosas van acompañadas de una buena cantidad de normas y directrices. Se puede aclarar analizando si la necesidad de seguir códigos va más allá de la religión, en cuyo caso posiblemente nos hallaríamos ante el deseo *honor*.

Control del entorno: La necesidad de transformar físicamente el entorno o de construir cosas de todo tipo resulta especialmente motivador para algunas personas. Pero conviene analizar si realmente no se trata de un deseo de conocimiento y entender cómo funcionan las cosas (*curiosidad*) o una forma de canalizar una gran habilidad o destreza (*competencia*).

Además, también podríamos añadir un puñado de deseos íntimamente relacionados, que giran en torno a lo que suele considerarse el ego personal, tales como la búsqueda del atractivo físico propio, el preocuparse por estar a la moda o el querer ser el centro de atención. Pero frecuentemente este tipo de intereses pueden ser estrategias para la satisfacción de deseos básicos como el de *aceptación*, *estatus*, la necesidad de pertenencia a un grupo (*relaciones*) o la posibilidad de *ganar* a otros.

O, como también ocurría con la construcción, un medio para conseguir una sensación de *competencia,* porque es la mejor forma que se ha encontrado para la consecución de logros importantes. Una forma de distinguir si realmente nos encontramos ante un nuevo deseo básico o si se trata de un mecanismo para satisfacer la necesidad de *competencia* es analizando qué es prioritario, el supuesto deseo o el grado de "excelencia". Por ejemplo, las personas con un deseo intenso de *familia, comida, poder* o *idealismo* no se centran de forma especial en la mejora y en intentar conseguir logros extraordinarios. De hecho, no dejan de estar motivados hacia esos temas aunque solo lleguen a rendimientos normales. Sin embargo, cuando alguien sobre todo destaca por conseguir muy buenos resultados en algo, se centra especialmente en mejorarlos y en superar objetivos y valora mucho el conseguir algún reconocimiento por ello, posiblemente esté buscando satisfacer su necesidad de *competencia* y no estaríamos ante un nuevo deseo básico.

Bien, una vez conocida la influencia de sus deseos básicos, quizás sea buen momento para decidirse por el ámbito en el que se quiere actuar, para mejorar la motivación hacia un cambio de hábitos: salud, aprendizaje o trabajo. En función de su situación en cada uno de ellos y de las preferencias personales, conviene priorizar y abordarlos progresivamente, si tenemos pensado tratar más de uno.

Tampoco es fácil dar recomendaciones específicas en este sentido, ya que lo más importante es que la decisión sea suya, voluntaria y convencida. Así que me limitaré a citar diferentes preguntas que puede intentar responder durante su reflexión:

- ¿En cuál de los ámbitos (alimentación, ejercicio, aprendizaje, trabajo) me siento peor y percibo que influye más negativamente en mi vida?

- ¿En cuál de los ámbitos me parece que es más plausible conseguir resultados significativos?

- ¿En cuál de los ámbitos me siento con más fuerza o energía para intentar cambiar hábitos?

Por ejemplo, si usted sufre problemas serios de salud y obesidad y su relación con la comida es bastante compulsiva, quizás sea prioritario empezar por este tema. O si echa de menos la práctica del ejercicio y es algo que desde hace tiempo le gustaría abordar, quizás debería animarse a hacerlo definitivamente. Si se encuentra inmerso en un proceso de aprendizaje (por ejemplo, un idioma) en el que necesita imperiosamente aumentar la motivación, tal vez sea momento de intentar incluir cambios para mejorar en ese sentido. O si el trabajo le tiene muy preocupado y ocupa su mente de forma negativa, quizás deba darle prioridad. En el otro extremo, si usted no tiene capacidad directiva ni ejecutiva en su empresa para cambiar las condiciones, actividades ni relaciones con sus superiores, quizás no merezca la pena dedicar demasiados esfuerzos en este ámbito.

Insisto, la decisión es suya. Y para ayudarle en la misma, o también para conocer con más detalle su punto de partida si ya tiene claro el ámbito en el que quiere comenzar a cambiar, puede realizar una pequeña autoevaluación sobre las tres necesidades psicológicas (*autonomía, competencia, relaciones*), reflexionando sobre el grado de satisfacción que percibe para cada una. Para ello, puede utilizar los cuestionarios que hay al final del capítulo (generales o específicos sobre autonomía percibida, competencia, relaciones y soledad percibida) y evaluarse, pensando en el ámbito que haya elegido (salud, aprendizaje o trabajo) y adaptando ligeramente cada uno de ellos en función del que haya seleccionado. Insisto en que todos estos cuestionarios solo pretenden ser una guía de referencia para evaluar si las diferentes necesidades están más o menos satisfechas. Una reflexión menos estructurada pero honesta y profunda en cada una de ellas y sin perder de vista el ciclo de motivación, quizás también puede ser suficiente para llegar a conclusiones similares.

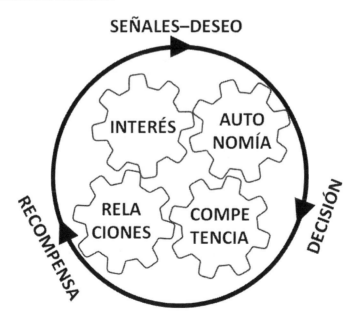

Al resultado que obtenga de esta evaluación puede sumarle el potencial de actuación en base a los deseos básicos que más le movilizan. Es posible que necesite releer aquellos apartados en los que hemos tratado cuestiones concretas, probablemente les sacará mucho más jugo tras su proceso de reflexión personal y tras la caracterización de sus deseos y necesidades. Y con todo ello, tomar la decisión y empezar a actuar. Recuerde que el objetivo es crear un contexto para favorecer la satisfacción de los deseos básicos y necesidades, ya que son la clave de la motivación hacia el cambio de hábitos. Sobra decir que cada caso puede ser totalmente diferente y que las posibilidades son casi infinitas.

Mis planes de motivación

Por ejemplo, si su ámbito prioritario es la alimentación y desea mejorar sus hábitos dietéticos, podría seguir los siguientes pasos:

1. Cambie el entorno para reducir motivación por los alimentos ultraprocesados y favorezca las señales y accesibilidad de los frescos. Puede apoyarse en el cuestionario sobre el entorno alimentario que encontrará en las próximas páginas.

2. Reflexione sobre cómo mediante los alimentos saludables y su preparación puede dar respuesta a la necesidad de *interés* y satisfacer los deseos básicos más importantes para usted. Relea el apartado correspondiente del libro, identifique posibles iniciativas y haga un pequeño plan.

3. Piense hasta dónde le gustaría llegar respecto a su *autonomía* y su *competencia* gestionando y preparando alimentos sanos. Relea el apartado del libro y póngase algún objetivo, preferiblemente siguiendo los consejos sobre objetivos que hemos visto en el tercer capítulo.

4. Analice las posibilidades que le ofrece la necesidad de *relaciones* y su potencial para motivarle en el ámbito dietético. Lea los ejemplos que hemos citado en el capítulo correspondiente y piense en cómo canalizar posibles acciones.

El resultado de estos pasos podría ser un plan personalizado. En la siguiente tabla puede encontrar algunos ejemplos del tipo de información que puede incluir dicho plan:

Plan mejora motivación en alimentación	
Objetivo, necesidad	*Cambio o acción*
Desmotivación por ultraprocesados	*Eliminar de lista compra, redistribuir despensa y nevera, eliminar de cocina y nevera*
Aprender a cocinar (autonomía, competencia)	*Aprender a hacer cocidos de legumbres y carnes guisadas con olla exprés en 15 minutos.*
Aprender a cocinar (autonomía, competencia)	*Comprar libro de ensaladas, practicar y elegir las 5 mejores*
Optimizar tiempo para cocinar (autonomía)	*Cocinar doble cantidad y congelar para otro día*
Cocinar (relaciones, competencia)	*Llevar a próximas comidas familiares un plato saludable hecho por mí*
Desayuno saludable (Familia)	*En desayuno hijos eliminar cereales refinados y galletas, incorporar fruta completa y huevos.*

Todas estas sugerencias son solo una pequeña muestra, evidentemente su plan puede ser totalmente diferente. Más completo, ambicioso y detallado e incluir más aspectos relevantes, como instrucciones concretas o plazos precisos, o más sencillo, centrado en aspectos concretos y con objetivos más modestos, usted decide. Y según vaya avanzando, deberá desarrollar y ejercer su *autonomía,* sin soltar las riendas y siempre intentando aprovechar todo el potencial que le ofrece la motivación.

De forma análoga, si su ámbito prioritario es el de la actividad física y el ejercicio, los pasos a seguir podrían ser los siguientes:

1. Identifique cuales son las actividades sedentarias que le tienen más "enganchado". Cambie el entorno para reducir su accesibilidad a estas actividades sedentarias y favorecer las señales y la accesibilidad a la actividad física. Repase el apartado correspondiente del libro y piense en posibles aplicaciones en su caso.

2. Reflexione sobre cómo mediante el ejercicio puede dar respuesta al *interés* y a los deseos básicos que son más importantes para usted. Relea el apartado correspondiente del libro e identifique posibles iniciativas, actividades o deportes.

3. Piense en hasta dónde le gustaría llegar respecto a su *autonomía y competencia* para gestionar su actividad física y su cuerpo. Identifique las actividades que pueden ser mejores candidatas a satisfacer estas necesidades, relea el apartado del libro y póngase algún objetivo, preferiblemente siguiendo los consejos que hemos visto para ello.

4. Analice las posibilidades que le ofrece la necesidad de *relaciones* y su potencial para motivarle en el ámbito deportivo. Lea los ejemplos que hemos citado en el capítulo correspondiente y piense en cómo canalizar posibles acciones.

A modo de ejemplo, suponiendo que ha identificado el senderismo y el correr (running) como actividades con mayor potencial, un extracto del plan de actuación podría ser algo así:

Plan de mejora motivación en ejercicio	
Objetivo, necesidad	*Cambio o acción*
Desmotivación por actividades sedentarias	*Quitar TV habitación y consola juegos salón.*
Aumento señales ejercicio, aire libre, naturaleza	*Bajar escaleras a pie, ir a trabajar andando, no utilizar coche en ciudad, tomar café trabajo en parque*
Conocer rutas (autonomía, competencia)	*Buscar en internet todas las rutas de la zona. Comprar libro "rutas espectaculares de mi región"*
Correr 10 km (competencia)	*Llegar en 6 meses a correr 10 km en 50 minutos*
Grupo montaña (Relaciones)	*Apuntarse al grupo de montaña del barrio*
Excursiones activas (Familia)	*Al menos cada 15 días programar excursión senderismo con hijos.*

Pasemos al siguiente ámbito: imaginemos que en breve va a iniciar algún proceso de aprendizaje (un curso, un máster, cierto idioma…) o que incluso ya se encuentra inmerso en uno y desea mejorar su motivación. La secuencia de pasos a seguir podría ser la siguiente:

1. Identifique los elementos más desmotivadores. ¿Qué es lo que menos le gusta de las actividades de aprendizaje? ¿Hay alguna

actividad que es superflua, innecesaria o contradictoria con sus deseos básicos? ¿Puede hacer algo para eliminarla o cambiarla introduciendo elementos que puedan resultarle especialmente motivadores?

2. Reflexione sobre cómo mediante el proceso de aprendizaje puede dar respuesta la necesidad de *interés* y a los deseos básicos con más potencial para motivarle. Relea el apartado correspondiente del libro e identifique posibles iniciativas.

3. Evalúe su grado de *autonomía* (puede utilizar el cuestionario de las próximas páginas) y la forma de actuar de la persona que le apoya (profesor, instructor), para saber si favorece o facilita la autonomía mediante sus comportamientos. Hable con ella si es necesario, en función de los resultados obtenidos. Relea el apartado del libro y póngase algún objetivo, preferiblemente siguiendo los consejos que hemos visto para ello.

4. Analice las posibilidades que le ofrece la necesidad de *relaciones* y su potencial para motivarle en el proceso de aprendizaje. Lea los ejemplos en el capítulo correspondiente y piense en posibles acciones.

Suponiendo que haya elegido el aprendizaje del inglés y que ha decidido desarrollarlo a nivel de conversación, este podría ser un extracto del plan de actuación:

Plan mejora motivación en estudios	
Objetivo, necesidad	*Cambio o acción*
Desmotivación por actividades innecesarias, orientar a conversación y vocabulario	*Reducir ejercicios gramática, deberes extra, quitar preparación para examen*

Satisfacer deseos curiosidad e idealismo (interés)	*Buscar libros en inglés sobre estos temas para leer: cosmología, medioambiente, cambio climático*
Mejorar apoyo del profesor: objetivos (autonomía)	*Hablar con profesor para hacer un plan global entre los dos y poner hitos intermedios*
Mejorar apoyo del profesor: método y mejora (autonomía)	*Hablar con profesor para tras cada hito hacer análisis y plan de mejora del método entre los dos*
Grupo conversación (Relaciones)	*Buscar en internet grupo de mi zona y quedar. Apuntarse a grupo online.*

Obviamente, si usted es profesor o instructor, puede cambiar el punto de vista de todas estas reflexiones y trabajar porque las hagan sus alumnos, aquellos que usted crea que es conveniente que lo hagan. Recuerde que el objetivo es conocer su percepción y situación en cada una de las necesidades y deseos, de forma que usted pueda apoyarles de la forma más adecuada y personalizada en la consecución de su motivación. Y siempre siguiendo las recomendaciones para hacerlo correctamente que hemos visto en el capítulo anterior.

Para terminar, si el ámbito de actuación prioritario es el del trabajo, porque es en sus actividades laborales donde más necesita mejorar en su motivación, la principal barrera con la que puede encontrarse es la falta de capacidad o autoridad para poder abordar cambios reales. Tal y como están estructuradas las empresas, la mayor parte de personas no suelen poder tomar decisiones ejecutivas y directivas relacionadas con cambios en las actividades o en su forma de organizarlas.

Teniendo en cuenta esta dificultad, los pasos a seguir en ese caso podrían ser estos:

1. Haga un inventario de todas las actividades laborales que habitualmente lleva a cabo y evalúe su aportación al *interés* y a los deseos básicos más influyentes. Identifique tanto las más satisfactorias como las más conflictivas o contraproducentes respecto a dichos deseos. Piense en cómo podría dar más relevancia a las satisfactorias y reducir, modificar o cambiar las conflictivas, añadiendo elementos que puedan satisfacer sus necesidades o deseos.

2. Reflexione sobre su *autonomía* en el trabajo, preferiblemente utilizando el cuestionario que encontrará en las siguientes páginas. Relea el apartado correspondiente del libro y piense dónde están los mayores problemas y qué cambios serían factibles para mejorarla y si sería posible hablarlo con sus jefes.

3. Piense en qué se siente especialmente competente en su trabajo, qué es lo que mejor se le da y qué logros son los que más le satisfacen. Identifique cómo podría seguir mejorando en esas áreas y conocimientos mediante formación, conociendo las mejores prácticas, etc. Hable con los responsables correspondientes para transmitir sus necesidades e ideas.

4. Reflexione sobre sus *relaciones* en el trabajo, su sentimiento de pertenencia a un grupo, incluso sus posibles conflictos. Puede utilizar los cuestionarios que encontrará en próximas páginas. Evalúe tanto las informales como las formales, incluso con personas que en el organigrama tengan un nivel superior. Identifique posibilidades de mejora y cambios factibles y comprométase a seguir los principios REA (Respeto, escucha, aprecio).

Y una parte de su plan podría ser algo así:

Plan mejora motivación en trabajo	
Objetivo, necesidad	**Cambio o acción**
Reducir actividades desmotivadoras	Buscar cómo automatizar tareas meramente administrativas
Potenciar actividades motivadoras (Curiosidad, idealismo)	Valorar reforzar actividades de investigación de datos de mercado y cooperación con entorno social
Planificación (Autonomía)	Proponer a dirección nuevo sistema planificación del trabajo y objetivos
Desarrollar perfil comercial (competencia)	Formación para mejorar contacto y trato con cliente y gestión comercial
Mejorar liderazgo (relaciones)	Recibir formación para ejercer mejor liderazgo con colaboradores
Conciliación (Familia)	Proponer a Dirección acciones mejora conciliación

De cualquier forma, sea cual sea su ámbito seleccionado y el plan de actuación que desarrolle, vuelvo a recordar cuáles son las reglas básicas a la hora de definir unos objetivos adecuados:

1. *Ser retadores*. Ambiciosos pero alcanzables.

2. *Ser importantes*, que ayuden a dar sentido a los esfuerzos.

3. *Ser específicos y concretos*. Es preferible establecer "*hacerlo un 10% mejor*" que "*hacerlo lo mejor posible*".

4. *Ser monitorizables* para poder conocer su avance y poder evaluar y planificar el trabajo pendiente.

Y tras las reflexiones y el plan, es la hora de la verdad. El momento de intentar cambiar su vida para poder dirigirla y orientarla desde la perspectiva de la motivación. Con rigor, pero también con flexibilidad, adaptándose a las circunstancias y a los imprevistos, aprendiendo durante el camino.

Que quede claro que no se trata de romper con todo lo que ha hecho hasta ahora ni de empezar desde cero. Por ejemplo, si está insatisfecho en su trabajo y su análisis desde la motivación le indica que una de las razones es la falta de satisfacción de deseos y necesidades, antes de buscar otro empleo quizás sea razonable reflexionar sobre cómo se puede modificar el contexto laboral para conseguir pequeñas aportaciones a la motivación. Que sumadas y acumuladas, tal vez puedan convertir el lugar de trabajo en un espacio más agradable y constructivo.

Por otro lado, recuerde que los principios de la motivación son aplicables a cualquier ámbito. Hemos citado o tratado cinco de ellos, la alimentación, la actividad física, las adicciones, la educación y el trabajo, pero es posible que a usted se le ocurran otros en los que también puedan ser útiles. Pueden aplicarse todo tipo de actividades, con objeto de modificarlas o complementarlas para que tengan capacidad de satisfacer deseos básicos y necesidades de cada persona y así aumentar las posibilidades de sentir motivación por ellas. Y también a enfoques más generales en los que la motivación es importante.

Por ejemplo, ¿y por qué no intentar mejorar como padres o madres y utilizar todo esto para conseguir un desarrollo más efectivo de nuestros hijos, creando un contexto en el que se sientan más autónomos y motivados? En las siguientes páginas encontrará un sencillo cuestionario para hacer una pequeña evaluación en este sentido.

Ahora que ha aprendido a mirar desde la perspectiva de la motivación, puede utilizar este punto de vista en casi cualquier circunstancia. Sin olvidar que el mundo tiene también otras perspectivas válidas y relevantes, pero recordando que, posiblemente, la motivación es lo que mueve a las personas.

Y, en consecuencia, lo que mueve el mundo.

LISTADOS Y CUESTIONARIOS

A continuación puede encontrar varios cuestionarios, todos ellos basados en estudios e investigaciones realizadas por expertos, que puede utilizar como apoyo para la evaluación de diversos aspectos relacionados con la motivación.

Si quiere ser sistemático y metódico, puede puntuar cada uno de los ítems de -2 a 2, utilizando la siguiente escala de 5 niveles.

2	Muy de acuerdo
1	De acuerdo
0	Ni de acuerdo ni en desacuerdo
-1	En desacuerdo
-2	Muy en desacuerdo

O la siguiente de 7:

3	Muy de acuerdo
2	De acuerdo
1	Algo de acuerdo
0	Ni de acuerdo ni en desacuerdo
-1	Algo en desacuerdo
-2	En desacuerdo
–3	Muy en desacuerdo

Si la pregunta está marcada con una R (de "reverse"), la pregunta está realizada en sentido contrario y la puntuación se asignaría de forma inversa en la escala de 5 niveles:

2	Muy en desacuerdo
1	En desacuerdo
0	Ni de acuerdo ni en desacuerdo
-1	De acuerdo
-2	Muy de acuerdo

Y en la de 7:

3	Muy en desacuerdo
2	En desacuerdo
1	Algo en desacuerdo
0	Ni de acuerdo ni en desacuerdo
-1	Algo de acuerdo
-2	De acuerdo
−3	Muy de acuerdo

Puede sumar los valores obtenidos, para cuantificar un valor final orientativo. Los cambios en este valor pueden utilizarse para ponerse objetivos o para ir analizando la evolución con el tiempo.

CUESTIONARIOS SOBRE DESEOS Y NECESIDADES

Evaluación de los deseos básicos

A continuación tiene un listado de 70 afirmaciones, 5 por cada deseo básico, que puede utilizar para identificar aquellos que más aportan a su motivación. Reflexione detenidamente cada uno de los ítems, pensando en situaciones reales de su día a día. Cuanto mayor puntuación obtenga en cada uno de los deseos, más probabilidad hay de que éste sea especialmente movilizador.

Sexo:

- Tengo muchas fantasías eróticas.
- Pienso poco en el sexo a lo largo del día (R).
- El sexo es esencial para mi felicidad.
- Estoy orgulloso de mi gran energía sexual
- Necesito practicar todo el sexo que pueda.

Comer:

- Obtengo un gran placer de comer.
- Como irregularmente y sin fundamento (R
- Pienso mucho en la comida.
- Me encanta comer en restaurantes y sitios especiales.
- A veces se me olvida y pasa la hora de la comida (R).

Familia

- No me siento muy próximo a mi familia (R).

- Cuando más feliz me siento es cuando paso tiempo con mi pareja y/o hijos.

- Me encanta ocuparme de mi pareja y/o hijos.

- Paso mucho tiempo con mi pareja y/o hijos.

- Normalmente estoy demasiado ocupado para pasar tiempo con mi pareja y/o hijos (R).

Ejercicio:

- No me gusta poner a prueba mis capacidades físicas (R)

- Disfruto mucho cuando hago deporte.

- Prefiero evitar los esfuerzos físicos muy importantes (R).

- Para mí es muy importante estar en forma.

- Estoy orgulloso de mis competencias atléticas.

Tranquilidad

- Me preocupa cuando mi corazón se acelera.

- Tengo fama de ser bueno bajo presión (R).

- A veces tengo ataques de pánico.

- Las sensaciones nuevas me preocupan bastante.

- Cuando estoy nervioso también me siento mal.

Ahorro:

- Uno de mis objetivos en la vida es tener dinero.

- Odio tirar las cosas que son mías.

- Me gusta mucho recopilar y almacenar cosas

- Doy mucha importancia a las cosas que me pertenecen (R)

- Me encanta deshacerme de cosas y sustituirlas por nuevas (R).

Orden

- No me gustan nada las rutinas y los hábitos (R)
- No me gusta ver las cosas fuera de su sitio.
- Me gusta hacer las cosas con precisión.
- No me gusta nada la gente poco cuidadosa y desordenada.
- Recoger las cosas me parece una pérdida de tiempo (R)

Aprobación:

- Me da mucha rabia cuando cometo un error en público.
- Para mí es muy importante gustar a la gente.
- Me esfuerzo mucho en complacer a otros.
- No me preocupa que los demás piensen cosas negativas de mí (R).
- Lo paso muy mal si me critican o llevan la contraria.

Honor:

- Rompo mis compromisos si las circunstancias cambian (R)
- Siempre cumplo mi palabra.
- No considero la moral algo especialmente relevante (R).
- Tengo fama de ser muy leal.
- Por mantener mi honor soy capaz de muchos sacrificios.

Curiosidad:

- Suelo estar siempre pensando en ideas novedosas.
- Necesito entender el porqué de las cosas.

- No me interesan los debates complejos o complicados (R)

- Disfruto cuando tengo que aprender cosas nuevas.

- No suelo pensar en cosas o teorías que no utilizo (R).

Ganar:

- Tengo fama de ser muy conciliador (R)

- Me meto en muchas "guerras" y discusiones.

- Creo en la expresión "la venganza es dulce".

- El ganar es muy importante para mí.

- Prefiero no discutir ni competir si puede dar lugar a un enfrentamiento (R)

Poder:

- Prefiero que las órdenes las den otros (R)

- Estoy orgulloso de que mis consejos ayuden a la gente.

- Suelo buscar la posibilidad de liderar personas o grupos.

- Me gusta la sensación de influir en los demás.

- No me gusta decirle a la gente lo que tiene que hacer (R)

Estatus:

- Suelo comprar cosas prestigiosas, de marca y gran calidad.

- No me importan el nivel social o la profesión (R)

- Creo que el prestigio es importante.

- Los famosos no me impresionan (R)

- Me gusta contar y comentar mis éxitos.

Idealismo:

- Me siento orgulloso de mi compromiso social y mis donaciones.

- Pienso mucho en cómo puedo hacer del mundo un sitio mejor.

- Ayudar a los desfavorecidos es sobre todo labor de los políticos (R)

- Admiro mucho a las personas que ayudan a otros.

- Raramente me enfado por las injusticias sociales (R)

Recuerde que también existe una herramienta desarrollada a tal efecto por el propio investigador Steven Reiss, denominada "*Reiss Motivation Profile*" (2).

Autonomía percibida:

Con el siguiente cuestionario de autorregulación puede evaluar su autonomía percibida (3). Las afirmaciones están redactadas para que puedan ser aplicables a cualquier ámbito (alimentación, ejercicio, aprendizaje, trabajo...), aunque puede modificarlas y matizarlas haciendo referencia al ámbito que prefiera. A mayor puntuación, más autonomía percibida.

1. Dispongo de la información necesaria para analizar la situación y poder establecer mis objetivos.

2. Participo en el establecimiento de los objetivos.

3. Tengo autonomía para planificar.

4. Casi siempre decido lo que hay que hacer y cómo hay que hacerlo.

5. A la hora de establecer prioridades son otros los que deciden (R).

6. Soy responsable de adquirir y gestionar los recursos que luego utilizo.

7. Tengo todos los datos que necesito para analizar mis resultados y mi rendimiento.

8. Sé qué es lo que mejor y lo que peor hago.

9. Tengo libertad para proponer y abordar mejoras.

10. Me siento reconocido por las mejoras que suelo plantear y hacer.

Competencia percibida:

El siguiente cuestionario se centra en la evaluación de la competencia percibida y también tiene una redacción genérica (4). Puede modificarse y adaptarse a algún ámbito concreto.

1. Creo que tengo las capacidades necesarias para tener éxito.

2. Suelo evitar algunas situaciones porque desconfío de mis habilidades para resolverlas (R)

3. Normalmente siento que me va a costar cumplir los objetivos que me ponen o que me pongo yo mismo (R)

4. Creo que para algunas cosas soy especialmente bueno.

5. Normalmente soy capaz de aprender las cosas nuevas rápidamente.

6. A veces me siento incompetente o inferior (R)

7. Tengo oportunidad de conocer las mejores prácticas y aprender de los mejores

8. Con frecuencia pienso que voy a fallar o voy a ser criticado (R)

9. Gracias a mis capacidades sé que puedo superar exitosamente los imprevistos que surjan.

10. Cuando estoy en una situación difícil, con frecuencia siento que no sé bien lo que debo hacer (R)

Relaciones y grado de soledad percibida:

Este cuestionario está diseñado para evaluar si existe una situación de soledad percibida, que reflejaría una falta de satisfacción de la necesidad de relaciones (5). Puede utilizarse como evaluación general o realizarse para un grupo o colectivo concreto.

1. Frecuentemente me siento solo (R)

2. Entre compañeros hay un sentimiento de camaradería.

3. Estoy satisfecho con las relaciones que tengo.

4. A menudo me siento aislado del resto de la gente (R)

5. Me siento incluido en las cuestiones sociales.

6. Me siento parte de un grupo.

7. Hay gente que se preocupa por escucharme.

8. Tengo gente con la que estar a gusto en los descansos, si así lo deseo.

9. No tengo con quien hablar de las cosas que me importan. (R)

10. La actividad me permite conocer personas interesantes y relacionarme con ellas.

CUESTIONARIOS GENERALES

En este apartado puede encontrar cuestionarios generales sobre motivación, que evalúan de forma global y sintética sobre todo los enfoques relacionados con la teoría de la autodeterminación.

Escala de satisfacción de necesidades básicas:

Este listado recopila 21 afirmaciones para evaluar la autonomía, la competencia y las relaciones. Presenta siete ítems de cada necesidad, organizados en ese mismo orden (6).

Autonomía:

1. Siento que soy libre de decidir por mí mismo cómo vivir mi vida.

2. Me siento presionado sobre cómo vivir mi vida (R).

3. Por lo general, me siento libre de expresar mis ideas y opiniones.

4. En mi vida diaria con frecuencia tengo que hacer lo que me dicen (R).

5. Las personas con las que interactúo a diario suelen tener en cuenta mis sentimientos.

6. Siento que puedo ser yo mismo en mis situaciones diarias.

7. No tengo muchas oportunidades de decidir por mí mismo cómo hacer las cosas en mi día a día (R)

Competencia:

1. A menudo no me siento muy competente (R).

2. Las personas me dicen que soy bueno en lo que hago.

3. He podido aprender nuevas habilidades interesantes recientemente.

4. La mayoría de los días siento una sensación de logro por lo que hago.

5. En mi vida no tengo la oportunidad de demostrar lo capaz que soy (R).

6. A menudo no me siento muy capaz (R).

7. La gente sabe para qué soy bueno.

Relaciones:

1. Realmente me gustan las personas con las que interactúo.

2. Me mantengo en silencio y no tengo muchos contactos sociales (R).

3. Considero que las personas con las que interactúo regularmente son mis amigos.

4. Las personas se preocupan por mí.

5. No me relaciono con muchas personas (R).

6. A las personas con las que interactúo regularmente no parece que yo les guste demasiado.

7. La gente en general es muy amigable conmigo.

Escala de satisfacción y frustración de necesidades básicas:

El siguiente cuestionario de 24 afirmaciones es para evaluar la satisfacción o frustración de las necesidades de *autonomía, competencia y relaciones* (7). Presenta ocho ítems de cada necesidad, 4 de satisfacción y cuatro de frustración (estos últimos deben ser evaluados como si tuvieran una R), organizados en ese mismo orden.

Autonomía:

1. Siento que tengo la libertad y la posibilidad de elegir las cosas que asumo.

2. Siento que mis decisiones reflejan lo que realmente quiero.

3. Siento que mis elecciones expresan realmente quién soy.

4. Siento que he estado haciendo lo que realmente me interesa.

5. Siento que la mayoría de las cosas que hago, las hago porque "tengo que hacerlas".

6. Me siento forzado a hacer muchas cosas que yo no elegiría hacer.

7. Me siento presionado a hacer muchas cosas.

8. Mis actividades diarias se sienten como una cadena de obligaciones.

Competencia:

1. Siento que puedo hacer las cosas bien.

2. Me siento capaz en lo que hago.

3. Siento que soy capaz de alcanzar mis metas.

4. Siento que puedo cumplir con éxito tareas difíciles.

5. Tengo serias dudas acerca de si puedo hacer las cosas bien.

6. Me siento decepcionado con muchas de mis actuaciones.

7. Me siento inseguro de mis habilidades.

8. Me siento como un fracasado por los errores que cometo.

Relaciones:

1. Siento que les importo a las personas que me importan.

2. Me siento conectado con las personas que se preocupan por mí y por las cuales yo me preocupo.

3. Me siento cerca y conectado con otras personas que son importantes para mí.

4. Experimento una sensación de calidez cuando estoy con las personas con las que paso tiempo.

5. Me siento excluido del grupo al que quiero pertenecer.

6. Siento que las personas que son importantes para mí, son frías y distantes conmigo.

7. Tengo la impresión de que le disgusto a la gente con la que paso tiempo.

8. Siento que las relaciones interpersonales que tengo son superficiales.

ENTORNO ALIMENTARIO

En las siguientes páginas se presenta una amplia lista con un centenar de acciones y sugerencias en diversos aspectos y situaciones para conseguir un entorno alimentario desfavorable para los alimentos insanos y favorable para los saludables (8). Además de para evaluar (en este caso, cuanto mayor puntuación se logre, mejor), puede ser muy útil para identificar ideas y buenas prácticas.

Durante la compra

1. Antes de ir a hacer la compra, como, para no ir hambriento.

2. Compro los productos frescos (vegetales, carnes, pescado) al menos dos veces por semana.

3. Cuando compro productos frescos, primero miro a ver cuáles son de temporada.

4. Si compro en una tienda de solo productos frescos y tengo hijos, procuro ir a veces con ellos.

5. Cuando compro productos procesados, hago una lista y la cumplo.

6. Compro los productos procesados por internet y con lista previa.

7. Si compro en un supermercado, primero compro productos frescos y luego procesados.

8. Si compro en un supermercado, he identificado previamente los pasillos con los alimentos que no me convienen

9. Si compro en un supermercado, evito los pasillos con alimentos no saludables.

10. Si compro en un supermercado, preferiblemente voy sin niños.

Al cocinar

1. Preparo y cocino en su casa la mayor parte de las comidas principales.
2. La mayor parte de las comidas las preparo a baja-media temperatura (crudo, cocido, guisado).
3. Los fritos son con aceite de oliva
4. Tengo olla a presión y la utilizo a menudo.
5. Tengo horno y lo utilizo con productos frescos.
6. Domino al menos 10 recetas de platos de verduras/hortalizas.
7. Sé preparar al menos cinco tipos de ensaladas.
8. Domino al menos 5 formas de preparar pescado.
9. Domino al menos 5 formas de preparar aves (pollo, pavo…)
10. Domino al menos 5 formas de preparar carne (vacuno, cerdo).

En la cocina

1. No hay televisión o se apaga durante la comida.
2. No hay sillas demasiado confortables.
3. No se entra a la casa a través de la cocina.
4. Los mostradores están libres de cosas.
5. Las áreas de preparación de alimentos están iluminadas
6. No hay pan.
7. No hay galletas.
8. No hay cereales para el desayuno o tienen poco azúcar.
9. No hay bollos, dulces, etc.

10. Hay fruta visible.

11. El frutero contiene 2 o más tipos de frutas.

12. El frutero está en una zona de paso habitual de la cocina.

En la nevera

1. Los restos de fruta se guardan a la vista (con envases transparentes) y a mano.

2. Hay hortalizas a la vista (o con envases transparentes) y a mano.

3. Hay 3 o más tipos de hortalizas.

4. Las sobras de ensalada y vegetales se guardan en recipientes transparentes.

5. Las sobras no vegetales se guardan en recipientes opacos.

6. Los aperitivos saludables están muy a mano, en el estante central y delante.

7. No hay aperitivos poco saludables.

8. No se guardan postres sobrantes.

9. No se guardan sobras poco saludables.

10. Hay yogures naturales.

11. Hay comida de picoteo saludable (encurtidos, queso curado, etc.)

12. Hay huevos

13. No hay lácteos bebibles azucarados.

14. No hay bebidas energéticas.

15. No hay botellas grandes de bebida que no sea leche o agua.

16. No hay refrescos azucarados.

En el congelador

1. El congelador se encuentra en la parte inferior de la nevera.

2. Hay hielo disponible.

3. Hay fruta o verdura congelada.

4. La fruta o verdura congelada está en contenedor transparente.

5. Las sobras de comida de verduras está en recipientes transparentes.

6. Otros restos están en recipientes opacos.

7. No hay helado.

8. Los alimentos más sanos están al frente y a mano.

9. Los alimentos ricos el almidones están en la parte de atrás o lados inferiores.

10. No hay comida preparada-precongelada (pizza, rebozados…)

Armarios de la cocina

1. Los armarios no son transparentes.

2. Los alimentos saludables están al frente y en baldas centrales.

3. Hay conservas vegetales (verdura, hortalizas…) y están visibles.

4. Hay más de tres tipos de conservas vegetales.

5. Hay conservas de pescado y están visibles.

6. Hay más de dos tipos de conservas de pescado.

7. No hay alimentos ultraprocesados (galletas, panes, bollos...).

8. Si hay algún alimento ultraprocesado, están juntos en un armario alto e incómodo.

9. Los aperitivos más saludables están al frente y en baldas centrales.

10. No hay aperitivos poco saludables.

La vajilla

1. Los platos son de menos de 25 cm de diámetro.

2. Los platos tienen un borde ancho, de color.

3. Los platos no son de color blanco o beige.

4. Los vasos de agua son diferentes al resto y más grandes.

5. Los cuencos de cereales son medianos o pequeños (< 300 ml)

6. Los vasos de zumo son medianos o pequeños (<300 ml).

Mostrador-encimera

1. No hay galletas en el mostrador.

2. No hay caramelos o dulces en el mostrador.

3. No hay refrescos en el mostrador.

4. No hay cereales de desayuno en el mostrador.

5. No hay pan en el mostrador.

6. No hay otros aperitivos en el mostrador.

Al comer

1. La comida se hace en familia o grupo, en una mesa de la cocina o el comedor.

2. Si hay televisión, se apaga durante la comida.

3. Si hay niños menores de 12 años, utilizan platos y cuencos más pequeños.

4. Si hay niños menores de 12 años, utilizan vasos más pequeños (excepto para el agua).

5. No se obliga a comer a los niños si dicen que no tienen apetito.

6. La mitad del plato casi siempre son hortalizas, verduras o legumbres; o el primer plato es de hortalizas, verduras o legumbres.

7. Siempre se sirven primero hortalizas, verduras o legumbres.

8. Se bebe agua.

9. Si hay bebidas diferentes al agua, se sirven en vasos altos y estrechos.

10. No hay refrescos ni bebidas azucaradas en la mesa.

11. No hay vino en la mesa, o si lo hay, es una sola copa por persona, blanca y estrecha.

12. No hay cesta de pan, solo se sirve pan a quien lo pide.

13. No hay paquetes de alimentos (distintos a los condimentos) en la mesa.

14. No se ofrece proactivamente la posibilidad de repetir.

En la calle y en el trabajo

1. No frecuento establecimientos (cafeterías, restaurantes) o máquinas expendedoras con alimentos poco saludables a la vista.

2. Si como en el trabajo, preparo y llevo la comida.

3. Si voy a estar mucho tiempo fuera, con posibilidad de pasar hambre, llevo algún aperitivo saludable (p.e. frutos secos)

4. Al comer en restaurantes no permito que me sirvan alimentos no saludables, solicito que sean sustituidos o los quiten del plato al pedir.

5. Al comer en restaurante, no como postre o como fruta.

6. Al comer en restaurante la mitad del plato casi siempre son hortalizas, verduras o legumbres o el primer plato es de hortalizas, verduras o legumbres.

EDUCACIÓN Y APRENDIZAJE

Evaluación del instructor

El siguiente cuestionario sirve para evaluar la percepción respecto a la persona instructora (profesor, entrenador, coach...) y su capacidad para fomentar la *autonomía*, una necesidad fundamental para la consecución de la motivación (9). Debe ser completado por los alumnos.

1. Siento que mi instructor me brinda opciones.

2. Me siento comprendido por mi instructor.

3. Puedo ser franco con mi instructor en clase.

4. Mi instructor me transmite confianza sobre mi capacidad de hacer bien las cosas.

5. Siento que mi instructor me acepta.

6. Mi instructor se asegura de que entiendo los objetivos de mi actividad y lo que tengo que hacer.

7. Mi instructor me anima a hacer preguntas.

8. Siento mucha confianza en mi instructor.

9. Mi instructor responde a mis preguntas totalmente y con respeto.

10. Mi instructor me escucha sobre cómo me gustaría hacer las cosas.

11. Mi instructor maneja muy bien las emociones.

12. Siento que mi instructor se preocupa por mí como persona.

13. No me siento muy bien cuando mi instructor me habla. (R)

14. Mi instructor intenta comprender cómo veo las cosas antes de sugerir una nueva forma de hacerlas.

15. Me siento capaz de compartir mis sentimientos con mi instructor.

Escala de motivación académica:

El siguiente cuestionario es para evaluar la motivación académica (universitaria, pero puede sustituirse por otro grado) y analiza en qué punto del "continuum" de motivación podría estar el alumno: Desmotivación, regulación externa, regulación introyectada, regulación identificada o motivación intrínseca (orientada al conocimiento, logro o experiencias) (10). El alumno debe responder a la pregunta "*¿por qué estudio?*"

Desmotivación

1. Sinceramente no lo sé; verdaderamente, tengo la impresión de perder el tiempo en la Universidad

2. En su momento, tuve buenas razones para ir a la Universidad; pero, ahora me pregunto si debería continuar en ella

3. No sé por qué voy a la Universidad y francamente, me trae sin cuidado

4. No lo sé; no consigo entender qué hago en la Universidad

Regulación externa

1. Porque sólo con el Bachillerato/FP no podría encontrar un empleo bien pagado

2. Para poder conseguir en el futuro un trabajo más prestigioso

3. Porque en el futuro quiero tener una «buena vida»

4. Para tener un sueldo mejor en el futuro

Regulación introyectada

1. Para demostrarme que soy capaz de terminar una carrera universitaria

2. Porque aprobar en la Universidad me hace sentirme importante

3. Para demostrarme que soy una persona inteligente

4. Porque quiero demostrarme que soy capaz de tener éxito en mis estudios

Regulación identificada

1. Porque pienso que los estudios universitarios me ayudarán a preparar mejor la carrera que he elegido

2. Porque posiblemente me permitirá entrar en el mercado laboral dentro del campo que a mí me guste

3. Porque me ayudará a elegir mejor mi orientación profesional

4. Porque creo que unos pocos años más de estudios van a mejorar mi competencia como profesional

Motivación intrínseca hacia el conocimiento

1. Porque para mí es un placer y una satisfacción aprender cosas nuevas

2. Por el placer de descubrir cosas nuevas desconocidas para mí

3. Por el placer de saber más sobre las asignaturas que me atraen

4. Porque mis estudios me permiten continuar aprendiendo un montón de cosas que me interesan

Motivación intrínseca al logro

1. Por la satisfacción que siento cuando me supero en mis estudios

2. Por la satisfacción que siento al superar cada uno de mis objetivos personales

3. Por la satisfacción que siento cuando logro realizar actividades académicas difíciles

4. Porque la Universidad me permite sentir la satisfacción personal en la búsqueda de la perfección dentro de mis estudios

Motivación intrínseca a las experiencias estimulantes

1. Por los intensos momentos que vivo cuando comunico mis propias ideas a los demás

2. Por el placer de leer autores interesantes

3. Por el placer que experimento al sentirme completamente absorbido por lo que ciertos autores han escrito

4. Porque me gusta «meterme de lleno» cuando leo diferentes temas interesantes.

De cualquier forma, recuerde que la evidencia respecto a la existencia de estos tipos de motivación (identificada, introyectada e identificada) y el continuum propuesto por Deci y Ryan de momento es escasa, así que si decide utilizar este tipo de cuestionarios y conceptos, hágalo con espíritu escéptico y siendo consciente de la situación en este sentido.

OTROS CUESTIONARIOS

Apoyo paterno para la autonomía

El siguiente cuestionario es para evaluar la percepción de los hijos respecto al apoyo que reciben de sus padres para fomentar su *autonomía* o, por el contrario, el control (11).

- Ítems relacionados con fomento de la *autonomía*: 1, 2, 4, 7, 8, 9, 13, 14, 16, 19, 23, 24

- Ítems relacionados con fomento del control: 3, 5, 6, 10, 11, 12, 15, 17, 18, 20, 21, 22

1. Mis padres me dan muchas oportunidades para tomar mis propias decisiones sobre lo que hago.

2. Cuando mis padres me piden que haga algo., me explican por qué quieren que lo haga

3. Cuando me niego a hacer algo, mis padres me amenazan con quitarme ciertos privilegios para obligarme a hacerlo.

4. Mi punto de vista es muy importante para mis padres cuando toman decisiones importantes sobre mí.

5. Mis padres se niegan a aceptar que yo quiera simplemente divertirme sin tratar de ser el mejor.

6. Cuando mis padres quieren que haga algo diferente, me hacen sentir culpable.

7. Mis padres me animan a ser yo mismo.

8. Dentro de ciertos límites, mis padres me dan libertad de elegir mis propias actividades.

9. Cuando no se me permite hacer algo, normalmente sé por qué.

10. Siempre tengo que hacer lo que mis padres quieren, si no me amenazan con quitarme privilegios.

11. Mis padres creen que para tener éxito siempre tengo que ser el mejor en lo que hago.

12. Mis padres me hacen sentir culpable por cualquier cosa.

13. Mis padres saben ponerse en mi lugar y entender mis sentimientos.

14. Mis padres esperan que tome decisiones relacionados con mis intereses y preferencias, independientemente de las que sean.

15. Cuando mis padres quieren que haga algo, tengo que obedecer o, de lo contrario, me castigan.

16. Mis padres están abiertos a mis pensamientos y sentimientos, incluso cuando son diferentes a los suyos.

17. Para que mis padres estén orgullosos de mí tengo que ser el mejor.

18. Cuando mis padres quieren que actúe de manera diferente, me hacen sentir vergüenza para hacerme cambiar.

19. Mis padres se aseguran de que entienda por qué me prohíben ciertas cosas.

20. Como no haga exactamente lo que mis padres quieren, me amenazan con castigarme.

21. Mis padres usan la culpa para controlarme.

22. Mis padres insisten en que siempre sea mejor que los demás.

23. Cuando les pregunto por qué tengo que hacer algo, mis padres me dan buenas razones.

24. Mis padres escuchan mi opinión y mi punto de vista cuando no estoy de acuerdo con ellos.

Referencias

(1)

Toward a comprehensive taxonomy of human motives (2017)

(2)

Who am I? The 16 Basic Desires that Motivate Our Actions and define our personalities. Reiss (2002)

A normal personality: A new way of thinking about people. Reiss (2008)

Reiss Motivation Profile, IDS Publishing

(3)

The self-regulation questionnaire. Brown y otros, (1999)

(4)

The self-report inventory : development and validation of a multidimensional measure of the self-concept and sources of self-esteem. O'Brian (1980)

Adaptación del cuestionario de autoeficacia profesional a la población de trabajadores cordobeses. Maffei y otros (2012)

 (5)

Loneliness in the workplace: construct definition and scale development. Wright y otros (2006)

A 6-Item Scale for Overall, Emotional, and Social Loneliness. Gierveld y otros (2006)

(6)

Basic Psychological Need Satisfaction Scale (1993-2011)

(7)

Basic Psychological Need Satisfaction and Frustration Scale (2015)

(8)

Slim by design (2014)

La Guerra contra el sobrepeso (2017)

(9)

The Sport Climate Questionnaire (2017)

(10)

Academic Motivation Scale: adaptation and psychometric analyses for high school and college students (2012)

Validación de la versión española de la Échelle de Motivation en Éducation (2005)

(11)

Perceived Parental Autonomy Support Scale (2015)

Agradecimientos:

Quiero agradecer a las psicólogas Estibaliz Obaldia y Laura Morán sus amables aportaciones, sugerencias y comentarios de ánimo. Gracias a su experiencia, profesionalidad y generosidad este libro es un poco mejor.

SOBRE EL AUTOR

¡Muchas gracias por haber adquirido este libro! Estaré encantado si me hace llegar su opinión o si simplemente desea contarme algo, en el siguiente email: elblogdecentinel@gmail.com

Si quiere conocer mejor mis ideas y proyectos, puede pasarse por cualquiera de mis blogs:

http://loquedicelacienciaparadelgazar.blogspot.com/
http://elcentinel.blogspot.com/

O seguir mi perfil de Twitter: @centinel5051

Estos son otros libros que he publicado sobre alimentación y salud:

- "Lo que dice la ciencia para adelgazar"

- "Lo que dice la ciencia sobre dietas, alimentación y salud"

- "Lo que dice la ciencia sobre dietas, alimentación y salud vol. 2"

- "El Cerebro Obeso"

- "La guerra contra el sobrepeso"

41414371R00159

Printed in Poland
by Amazon Fulfillment
Poland Sp. z o.o., Wrocław